体を鍛え、心を整える
50歳からの筋トレ・メソッド

パーソナルトレーナー
宮田みゆき 著

JN189429

法研

この度は、数ある筋トレ本の中から、本書を手に取ってくださり、ありがとうございます。

私が、なぜメッセージ性の強いこの『筋トレ本』を書こうと思ったか。

それは、仕事に追われ気がついたら50歳を過ぎてしまい、ふとこの先、何を目標に生きて行けばいいのだろうか？　と不安を抱きながら生きがいを見失いかけてしまっている方。子どもが巣立って行き、自分の時間が持てるようになった今、生き生きとした日々を過ごしたいと思っている私と同じ世代の方。

そんな方たちに、「今からでも遅くない！」、50代という年齢を自分で閉じてしまわず、これから新たな楽しい挑戦をしてはいかがでしょう。何か一歩踏み出すきっかけになれば……そう、一人でも多くの迷える世代の方々に勇気を与えたいと思ったのが、本書を書こうと思った理由です。

現在、空前のフィットネスブーム。年齢を問わず身体を鍛えたいと、ジムなどに通っている方々が増えています。意を決して、ジムに入会はしたものの、効果をあまり実感できなかったり、一人黙々とやっている日々に飽き、いつの間にか行かなくなってしまい、結局やめてしまう。そんな方が多数ではないでしょうか？　何でもそうですが、特に筋力トレーニングは、コツコツ続けることが大切。続けてやっていたら必ず効果として現れます。問題は、どう続けるかです。筋トレを長く続けるためには、まず心の持ち方が第一です。
　私は心のトレーニングである『心《しん》トレ』を、何より大切に考えています。人と比較しない。自分を責めない。がんばったときには自分を認めて褒める。今日はコレをやる！　と毎日達成できる『小さな目標』をつくる。がんばり過ぎない。小さなゴールを大切にする。こうした日々が自信となり、よりいっそう輝ける自分に変えていくことができると私は信じています。

　本書で紹介している筋トレは、基本的には50歳以上の女性が対象ですが、男性でも簡単にできて、効果のあるトレーニングなので、お子さんやご主人、パートナーの方とご一緒に是非、楽しんでくださいね。

　なお本書は、私がボディビルをはじめた理由、チャンピオンになれた経緯、筋肉トレーニングのすばらしさや続けるコツなどを解説するとともに、カラーページでは、体調を整える筋トレ、美しさを保つための筋トレを実技で紹介しています。

　最後に「筋肉は心！」。激しくガンガンとトレーニングするだけでなく、『休息もトレーニング』と思って、楽しく食事をして、楽しくトレーニングを続けましょう。「よし！」と、ひとこと言えたら始まります。さあ、私と一緒に『心トレ』『筋トレ』がんばって行きましょう！

宮田　みゆき

もくじ

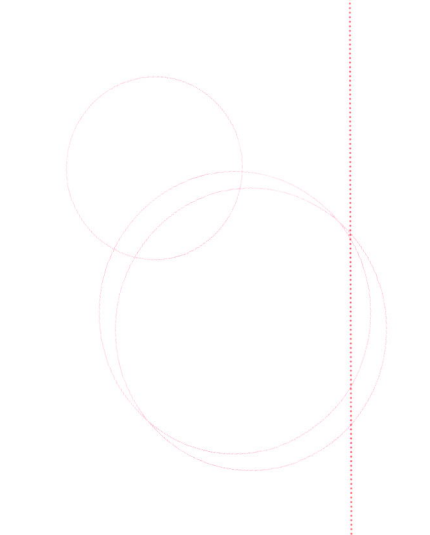

第1章

なぜ素人のわたしが大会で優勝できたのか？

２０１６年、わたしは「日本クラス別ボディビル選手権」で優勝しました。２０１７年には、「日本グアム親善大会」、「東京ボディビル選手権」、「ジャパンオープンボディビル選手権」と、相次いで優勝することができました。

とにかく、大会に出場することだけを考えてやってきたので、まさか優勝できるなんて、思ってもいませんでした。ほんとうにうれしかった。

自分でも驚く、人生の急展開

なぜ、突然ボディビルをはじめ、さらに大会に出場しようなんて思ったのか。今考えると、一生のうちで、一度でいいから違う自分を見てみたいと思ったのが、きっかけといえばきっかけでしょうか。

「あなただから、できたのよ」などと言われることもありますが、これまでのわたしの人生が順風満帆で、恵まれていて、なんの苦労もなく優勝できたなんてことは、決してありません。

2017年「ジャパンオープンボディビル選手権」に優勝

初優勝の2015年5月。その4カ月前、わたしはボディビルのことなどまるで知らない、ふつうのアラフィフの女性でした。以前、エアロビクスをやってはいましたが、現場を離れてずいぶんブランクがありましたし、不動産業や居酒屋の裏方、二人の子どもの子育てと、忙しさにかまけ、体を動かすこともあまりしていませんでした。

飽きっぽいうえに、食いしん坊で甘いものが大好きな、そんなわたしが**どうしてこんな短期間にボディビル競技で優勝できるまでになったのか**、自分でも驚くような展開でした。今いろいろな事情で苦しんでいらっしゃる方、自信がなくて「わたしにはいいところなんかひとつもない」などと悩んでいらっしゃる方々にとって、わたしの失敗や挫折だらけの人生が、少しでも参考になればと思っています。

スポーツが得意で、夢は体育の先生だった

わたしはもともと、体を動かすことが好きでした。新潟市（当時は豊栄市《とよさか》でしたが）に生まれて育ち、中学時代には器械体操部に入っていました。そのほかに陸上部に引っ張り出された大会で優勝したり、全校参加のマラソン大会で3年間優勝したりと、運動神経はいいほうだったと思います。「やるぞ！」と決めたらがんばってしまう、負けず嫌いな性格のおかげかもしれません。

創作ダンスの即興振付をするのも大好きでした。中学生のときには、歌手の後ろで踊るバックダンサーになることも考えていて、応募の写真は撮ったものの、送るまでには至りませんでしたけれど。**舞台に立って体で表現するのが好き**なのは、この頃か

ら変わらないですね。

高校生のときには、体育系の大学に入って、**体育の教師になるのが夢**でした。

わたしの人生が大きく狂ったとき

ところが、寮のある高校で3年間学び、体育大学の合格通知も受け取って、さあ、これからというときです。ブロックの製造をしていた実家の事業がうまくいかなくなり、進学できなくなってしまいました。

このときは、**「人生が狂ってしまった」**と、すっかり茫然自失の状態で、これまで頑張ってきたことも無駄になり、これからの計画も全部ダメになった、もう自分の人生は終わってしまったとまで思い詰めてしまいました。

そんなわけで、友達みんなが明るい春の日差しの中、夢を抱いて大学に進学したり、就職したりというときに、**ひとりぽつんと真っ暗闇にいるような気持ちでした。**

就職先を探そうにも、もう3月になっていて、募集もほとんど終わっていました。半分やけっぱちで、やっと見つけたのが、食料品売り場で昆布を売るという仕事。

一応正社員でしたけど、とりあえずという気持ちで就職したためか、前向きに考えられず、ワカメや昆布を量りながら「なんでわたしは、こんなことをやっているんだろう」と、いやでいやで仕方ありませんでした。

もちろん販売業がどうこうということではなく、希望に燃えていた若いわたしにとって、自分の思い描いていた理想とは違っていたというだけです。

その1年間の長かったこと。運の悪さを恨む気持ちはありませんが、とにかく性分に合わなかったんですね。

チャンスに飛びつき、再スタートを切る

そんなとき、たまたま実家で新聞を読んでいたら、新しく立ち上げるスポーツクラブの〝インストラクター募集〟の記事を見つけたんです。飛びつくように応募してオ

ーディションを受け、採用が決まったときは、ほんとうにうれしかったですね。

そのスポーツクラブは、当時全国的に展開していて、わたしは埼玉県の北浦和駅近くに新規オープンする店舗で働くことになりました。実は、夫と出会ったのもそこなんです。彼は横浜の店からマネージャーとしての転任、わたしは新規採用のインストラクターで、マネージャーと社員二人だけの立ち上げでした。

夫は、当時男性としては初めてのエアロビクス・インストラクターだったと思います。わたしもエアロビクス担当で、そのうち夫から教わり自分でエアロビクス用に編集したオリジナルのテープを作り、振り付けも考えるようになりました。このときの経験が今の仕事の役に立っていますね。

夫は仕事に熱心で経験も豊富に積んでいたので、教わることも多く、そのうち付き合うようになっていました。

そこに1年、それから規模の大きな津田沼店、群馬の高崎店と転勤が続きました。仕事は大変でしたけれど、やりがいがあって楽しかったですよ。

夫とはなんだかんだと遠距離で付き合っていましたけど、結局結婚することになりました。

結婚したら思いがけない転職が待っていた

夫はマネージャーから店の責任者になっていましたが、事情があって、横浜の実家に戻ることになりました。夫の実家ではマンション管理をしていましたが、夫はそれだけでは面白くないと、不動産業を営むことになりました。

わたしも**仕事を辞め、宅建の免許を取って、お店を手伝う**ことになりました。

まったく経験のない仕事で、戸惑いもありましたけど、それなりにがんばりましたね。スポーツクラブの社員は辞めましたが、週に一日だけアルバイトとしてインストラクターは続けていました。やっぱり、**体を動かす仕事が根っから好き**なんですね。このときも忙しいことは忙しかったんですが、充実していたと思います。

そのうち、妊娠して出産し、インストラクターの仕事は辞めることになりました。不動産屋として夫婦で共働きし、息子は6カ月から保育園に預けました。6カ月というのは、預けられるギリギリだったのですが、何しろ**お店を軌道に乗せるのに懸命でした。**

店では、夫が販売を担当し、わたしは賃貸の担当で、お客様を車に乗せて案内するなんてこともやっていました。接客も好きだったので、いい経験にはなりました。

そうこうするうち、不動産だけでやっていくのは難しくなり、居酒屋も経営することになりました。子どもも二人目が生まれていましたので、それこそもう寝る間もないくらいの忙しさで、婚家の家族総出で働きましたね。やがて不動産屋のほうは店を閉めて、管理をするだけにしぼり、居酒屋の経営をメインに据えました。

わたしは、たとえば鶏肉をゆでて皮をむき、串にさして焼き鳥の準備をするとか、掃除や従業員の服の洗濯など、もっぱら裏方として働きました。

店は駅前にあって、結構繁盛したのですが、夫は、やるとなったらとことん追求するという性格なので、熱心に料理の研究も始め、わたしもそれに付き合って、店の経営に懸命でした。

そんなときに問題が起こる

ちょうどその時期、子どもたちが思春期になっていたんです。でもわたしはお店のほうにかかりきりで、**大事な時期にかまってあげることができません**でした。これは人生でいちばん後悔していることです。

子どもたちはきっと、わたしに対して**「僕のほうを見て」「俺を認めてほしい」**と、何度もサインを送っていたのでしょう。でもわたしは忙しさのあまり、それに気が付きませんでした。「今忙しいから、後にして」などと言っては、そのままにしてしまっていました。

考えてみると、**いつも必ず否定から入っていたこと**を思い出します。たとえばテストで良い点を取ってきたときなどは、「なぜもっといい点が取れなかったの！」と叱るだけで、「前よりはがんばったね」などと、いいところを見つけてやることをせず、いつも「だめ！」「違う！」という否定の言葉から入って、**子どものがんばりを認めてやれなかったた**んです。

負のスパイラルから電話恐怖症に

そのせいかどうか、子どもが問題を起こすようになりました。男の子の親ならわかっていただけるかもしれませんが、とても他人様に打ち明けられないような経験もずいぶんしました。

学校から注意を受けたあるときなどは、息子が帰ってくるなり、まるで狂ったように顔を平手打ちにしたこともあります。自分でもどうかしていると思ったくらいでしたが、止められませんでした。

わたしも正義感が強いほうなので、「なぜそんな悪いことをするの」「許せない！」と、ただただ怒ってしまう。「なぜわたしだけがこんな目に遭うの」「一生懸命働いているのに、どうしてわたしの気持ちがわからないの」と、**自分だけが被害者のように感じていたん**ですね。

忙しさのあまり、気持ちの余裕がなくて、感情をコントロールできなかったせいもありますが、自分の息子がそんなことをするのがまったく理解できなくて、息子の言い分も聞かず、一方的にガーッと怒るだけでした。

あまりに学校に呼び出されることが続いて、ついには電話が鳴っただけで**心臓がドキドキ**するようになりました。「原付バイクで出かけたから、事故を起こしたのかもしれない」「また呼び出されるのかしら」「喧嘩で新聞に載ったらどうしよう」などと、帰ってくるまで心配で心配で、つい悪いほう悪いほうに考えてしまうのです。極端な話、息子のことで頭がいっぱいになって、ほかには何もできなくなっていました。夫にも「子どもに対して依存症になっているんじゃないのか」と言われたくらいです。

そして、帰ってくれば来たで「どこに行ったの?」「誰と行ったの?」「どんな人なの?」と質問攻めにしてしまう。息子にとっても、重荷だったと思います。

そのころは、PTAの集まりだけでなく、街を歩くときでも、誰かに見られて悪口を言われているんじゃないかと、とにかく目立たないように、**息をひそめるようにして暮らして**いました。誰かに何かを言われたわけでもないのに、人の視線を勝手に意識してしまうんです。部活の保護者会にも行きたくなかったし、下を向いてなるべく目立たないように過ごしていました。

こういうときは、いろいろ努力したつもりでも全部空回りになってしまうものですね。みんなが他の誰かのせいにしてしまって、**家族関係はもう最悪**でした。

このころは何度も自殺を考えました。トレーニング用の重いシューズで、「このまま海に入っていけば、沈むんじゃないかしら」とボーッと海を見つめていたこともあります。

そんな自分を思い返して、今、とても反省しています。

何度も嘘をつかれたり、裏切られたこともあって、子どもの言うことが信じられなくなっていました。息子にしてみれば、ただ責め立てるばかりの母親では、つい嘘をついてその場を逃れるしかなかったのかもしれません。数々の反抗も、今考えると、息子の**「こっちを見てくれ」というサイン**だったのだと思います。


母親のわたしだけは信じてやらなければいけなかった。朝「お腹が痛い」と言われても、「仮病じゃないの」と、つい疑ってしまいました。

でも、たとえそれが嘘でも、そんなに学校に行きたくないのなら、休ませてもよかったし、行きたくない理由を聞いてやればよかった。「大丈夫よ」と受け入れて、一緒に考えてやればよかった。全部が嘘に思えて、母親なのに子どものことを信じてやれなかった。原因はわたし自身にあったのに……。ほんとうに恥ずかしいです。

そんな苦しさが6、7年前、40歳過ぎまで続きました。とてもそうは見えないとみなさんに言われますが、そんな時期もあったんですよ。

転機が来た!

「なぜわたしはこんなにつらい思いをしているんだろう」

客観的に見れば、それほど不幸な境遇でもないのに、わたしにとっては最悪の状態でした。

こんな八方ふさがりの時期が続いていたあるとき、ふと、「こんなことをしていてはだめだ」と思ったのです。わからない未来の心配をしてもしょうがない、起きてもいない事故を想像し、心配しても何も生まれない。何か起こるんだったら、起こった時に考えればいい、と開き直ったら、とても楽になりました。人間、どん底まで落ちるともう上にあがるしかないんですね。そこで肚《はら》がすわった気がします。

今考えると、わたしが追うから息子は逃げる、逃げるからさらに追いかけるという、「負のスパイラル」に陥っていたのでしょう。いったん、そのしがらみから解放されると、改めていろいろなことが見えてきました。

結局、辛い思いをしていたのも、**自分が原因だったん**だと気づきました。自分の考え方次第で楽しくも苦しくもなるんだ、と考えはじめたときから、いろいろなことが変わっていきました。今では、あの悩んでいた時間は、ほんとうにもったいなかったなと思います。

筋トレにはまるきっかけ

実はわたし、筋トレやボディビルだけは絶対にやりたくないと思っていました。

もともと息子はサッカーをしていたのですが、ケガが多く、体を鍛えたいといってはじめたのが、ボディビルとかかわるそもそものきっかけです。

わたしは食事や減量のサポートをしていたのですが、息子はそのうちサッカーよりボディビルにはまってしまい、結局、スポーツジムに就職し、やがて大会に出場して入賞するまでになったのです。

すると夫が負けじと、親の底力を見せてやる、ギャフンと言わせてやると、ボディビルをはじめ、息子の翌年にデビュー。そして同じ階級で息子と戦って勝つという怒《ど》涛《とう》の展開に。そして、減量のストレスでイライラする二人を見ていたので、自分までボディビルをするなんてとんでもないと思っていたのです。

でも50歳近くになって、ふとこれまでの自分の人生やこれからのことなどをいろいろ考えてみたとき、二人の愚痴を聞いているだけで、**自分は今何もしていない**じゃないか、と気づきました。もともと、わたしはせっかちで何かをしていないと落ち着かない性格ですから、**新しいことに挑戦したい、これまでとは違う自分を見てみたい**と考えるようになっていました。

そんなふうに、前向きに挑戦する気はあっても、何をしたらいいか決めかねていたとき、女子のボディビル競技が**「フィジーク」**という名に変わり、見せ方やルールも変わって、より女性らしい表現力が要求されるようになったことを知りました。興味がわいて、ちょっとやってみようかと思ったのが、この競技をはじめたきっかけです。また、たまたまテレビで、スポーツマンNo．1決定戦の特番を観て、みんな必死なまなざしで挑んでいるのにグッときたことも重なりました。

目標があれば変われる

どのようにして、たった4カ月でボディビルの大会に優勝できたのかと、よく聞かれます。多分、**これまでの殻を破って新しい自分に変わりたい**と、強く思っていたからのような気がします。ふつうに朝昼夜と過ごしていれば、いつもと変わらない自分がそこにいるだけです。自分の殻を破ってみたいという思いが強くなっていたのでしょう。

それまで、スポーツクラブでマシンに触ったことがあるくらいで、もちろんボディビルの経験もありませんでした。

夫に「50歳の節目だし、挑戦してみたい」と相談すると、夫は、「本気でやるんだな、それなら次の大会に出られるくらいまでにしてやる。ほんとうなら10年くらいかかるが、今回おまえの体を4カ月で仕上げるぞ!」とバレーボールの鬼監督みたいに言い放ちました。さすがに驚きましたし、そのときは正直、そこまで考えてはいませんでした。

ふつうは、そんなに短期間に体を改造するなんて考えられませんが、ジャパンオープン大会が4カ月後と決まっていたので、目標をそこに定めたわけです。**やるからには目標を決めたほうが迷いがないだろう**と思い切りましたが、本心では出場できるのかどうかさえ怪しいし、入賞、ましてや優勝するなんて思ってもいませんでした。

夫はうそや曲がったことが大嫌いで、やるとなったらとことんやるという、『巨人の星』の星一徹みたいな一直線の性格です。そのためにこれまで随分苦労してきましたが、このときはそのおかげで目標も定まりました。

でも、それからの夫の指導はすさまじかったですね。まるで昔の高校の運動部みたいでした。

ジムでも大声で怒鳴るので、周りの人もびっくりしていたと思います。「なんだ、あの二人は？」という視線をヒリヒリ感じていました。今思うと、ドン引きされていたのでしょうね。

とにかく、「もうおまえはだめだ！　帰れ！」なんて大声で言うのですから。そういわれても、「どこに帰れっていうの？　同じ家に住んでいるのに」と、内心とまどうこともありましたね。こんなふうになんだかんだとありましたが、今思えば、やはり夫がいなければ、あんな短期間で優勝するなんて、とてもわたしにはできなかった。すべては夫のおかげだと思っています。

わたしはもともと**トレーニングが嫌いなうえ、飽きっぽい**んです。やると決めたとはいえ、特に初めのころは、やらされる感じもいやだったし、苦しいだけでした。

でも、１カ月たったころから、体が変わってきたのが、自分でもわかるようになりました。ぶよぶよしていた脂肪が固い筋肉になってきたんです。そうなると向上心も高まって**トレーニングが楽しくなってきます**。周りからも、「すごいね！」、「変わってきたね！」と言われるようになりました。

トレーニングを続けると同時に、食事にも気を配るようになりました。

ダイエットにも神経をつかわなくてはいけないので、スーパーに売っているお惣菜などを買って簡単に済ますことができません。栄養も考えなくてはいけないので、コストも手間もかかります。でも、体を短期間で変えるためには避けて通れない道なんです。

ダイエットにも言えることですが、健康な体のために大事なのは、**しっかり食事を摂ること**です。脂肪を落とすだけでなく、筋肉をつけなければいけない。カロリーを多く消費する筋肉をつけてしまえば、やせやすくもなるのです。

といっても、食べる量を減らすだけだとお腹が減って苦しいし、長く続けられません。わたしの場合は、**苦しくない減量**を心がけ、3食しっかり摂るようにしていました。

長く続けられるよう、ダイエット食も楽しく

サラダは4人分くらいたっぷり摂り、肉は、鶏肉、牛肉の赤身を選び、豚肉は脂身をとって調理しました。

デザートをがまんするのも辛いので、お豆腐をスイーツだと思い込み、シナモンや甘味料をかけてみたり、ほかにも、市販のヨーグルトをコーヒー用のペーパーフィルターに乗せて一晩おき、水分が落ちてチーズケーキのようになったところに、アーモンドやチョコレート味のプロテインを溶いて、ソースのようにかけてみたり、お麩を焼いてラスク風にしたこともありました。**食事をコントロールしながら、ストレスがなく、おいしく食べられるよう、いろいろ工夫**しました。

同じ1個のリンゴでも、ふつうに大きく切って食べるのとは違って、1ミリ幅に切

ってカッテージチーズと並べると、量があるように錯覚するんです。口に運ぶ回数を多くすると、たくさん食べた気にもなります。目と脳をだます感じですね。

外食の場合は、ラーメンなどの麺類、天ぷらもかつ丼も禁止と、食べられるものが限られてしまいます。お店選びが大変ではありましたが、それでも鶏肉の皮をとり、脂身は残すようにして、切り抜けました。

そうやって、４カ月で体を仕上げ、ほんとうに優勝してしまったのです。自分でもびっくりするくらいの展開でした。ほんとうにうれしかったですし、とても**一人では到達できない世界、いろいろな人の助けを借りてはじめて見ることのできる新しい世界に足を踏み入れた**ような気がしました。その意味でも、厳しかった夫、助けてくれた家族や周りの方々には感謝しています。

やはり人間は弱いので、ただ漠然と「体を鍛えなきゃ」とか、「やせたいなあ」と思っているだけでは、なかなか行動に移せません。**目標を見つけ、「よし、やろう！」と**

筋トレをはじめる前の著者（右側）

心が決まれば、案外苦にならずに実行できるものなのでしょう。

トレーニングの前後で、こう変わった!!

居酒屋での写真が、筋トレをはじめる前のわたしです。この頃は、体を動かすことはほとんどやっていなかったので、ポッチャリして、ほんとうにどこにでもいるアラフィフの女性です。

もう一枚の写真（左ページ）が大会で優勝したときの写真です。ずいぶん変わったと思われるでしょう。トレーニングによって体型や印象はこのように変わるのです。ただし、お断りしておきますが、筋トレをしたからといって、すべての人が筋肉モリモリになるわけではありませんので、ご安心ください。これはあくまでも競技大会のための特殊なケースですから。

人生に無駄はないと思ったこと

２０１６年日本クラス別で優勝したときの著者

息子の一人は、今パーソナルトレーナーとして働いていますし、夫も息子に刺激されてボディビルへの情熱を失わず、家族の関係も少しずつよくなっていきました。

こうして、何年か競技生活を送り、スポーツジムでインストラクターとして働くうち、**ただ体を動かせばい**

いわけではない、前向きな気持ちにならないといい筋肉はできないと思うようになりました。トレーニングをしながら、その方の話を聞いて、親身になって一緒に進んでいきたい。**人に喜んでもらうのがわたしのやりたいこと**だったんだと、最近ようやく気がつきました。

横浜にオープンしたパーソナルジムでの著者

迷惑をかけた子どもたちには申し訳ないけれど、**これまでいろいろ苦労してきてよかった**と、今では思っています。自分で悩んだり、挫折したりしてきたから、同じように悩む人の気持ちがわかるし、親身になって考えられるような気がします。

2018年4月、主人が横浜にフィットネスジムをオープンしました。これからは小さな力でも誰かのサポートをしたい、役に立ちたい、喜んでもらいたい。自分の信じるやり方でやっていこうと思っています。

これまで何度も挫折を乗り越えられてきたのは、「いろいろひどいことや馬鹿なこともしたけど、人生のルールに違反するようなことはしていない」「一生懸命生きることだけ考えよう」「**一生懸命生きていれば、認めてくれる人は絶対いるはず**」という思いが確かにあって、人生をあきらめなかったからだと思います。

これからだっていろいろなことがあると思うけれど、わたしの夢が現実に近づいていっているのは確かです。

今、少し前のわたしと同じように、苦しんでいらっしゃる方も多いと思います。そのときは、もう何をすればいいのかもわからず、たった一人で真っ暗闇の中にいるように感じられることでしょう。周りが見えず、誰にも相談できず、無力感でいっぱいになってしまう。でも、**気がついたときがスタート**です。遅すぎることなんてないんです。

どこかで読んだのですが、おばあさんが専門学校に入って国家資格を取ろうとしていると、孫に「卒業するときは84歳になっちゃうんだよ、今さらどうするの？」と言われ、「でも、何もしなくても84歳にはなっちゃうんだよ」と答えたという話、いいですよね。わたしもそういうふうに、**いくつになっても前向きに生きていきたい**と思います。

第2章

体を鍛える「筋トレ」と、心を整える「心トレ」

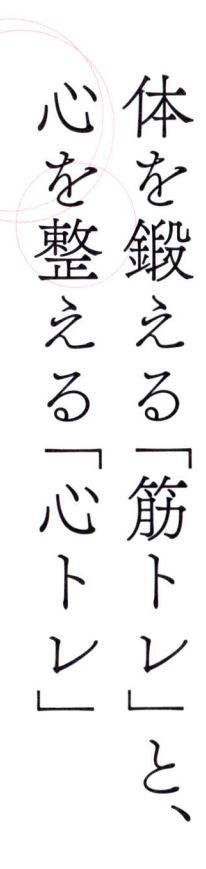

「〝心《しん》トレ〟って何？　初めて聞いた」とお思いでしょう。それも当然です。心トレというのは、わたしが考えた言葉ですから。

筋トレとは、文字通り〝筋肉のトレーニング〟のことですが、心トレは**〝心のトレーニング〟**の意味です。**心と体（筋肉）には、実はみなさんが想像するより深い関係があるん**です。

筋肉と心はつながっている

トレーニングにもいろいろなやりかたがあると思いますが、わたしは、仕事をしながら、またテレビを見ながら運動するという、いわゆる「ながら運動」をあまりおすすめしません。気軽にできていいと言われますが、わたしとしてはあまり効果が期待できないと思っています。

なぜなら、せっかく運動しても、「今日の晩御飯は何にしよう」などとぼんやり考えながらでは、よい筋肉のついたよい体ができるとは思えないからです。

たとえば腕を動かすなら、「今、この筋肉を動かしているんだ」と、**腕の筋肉に意識を集中して**、動かしてほしい。筋肉への集中を途切らせないようにしてほしいのです。

筋肉に直接話しかけるように、**〝気持ちを注ぎ込む〟**ことは、とても大事なことです。「今、動かすからがんばってね」と、心を届けるようにすれば、筋肉は変わってくれます。最近の研究でも、今運動している、ここに筋肉をつけたいと意識して運動しないと、あまり効果はないという結果が出ているようです。

心を鍛える〝心トレ〟とは？

わたしがここ最近、特に強く思っているのが、**トレーニングでいちばん大事なのは〝心〟**だということです。といっても、誤解しないでいただきたいのですが、昔の運動部によくあった、「根性でがんばれ！」というような精神論や根性論ではありません。

今でもときどき問題になるようですが、理論を無視して上から容赦なく無理難題を押し付けるやりかたは、好ましく思えません。

そうではなく、**ストレスに負けないように、自然に、自分自身が自由になるように楽しく心を鍛える**というのが、わたしが考える〝心トレ〟です。

よい筋肉のついた健康的な体をつくるには、イライラしていたり、何かを思い悩んだままでは難しいと思います。ただやみくもに運動だけしても、心も強く健康でなければ、効果は薄いだろうとわたしは信じています。

体を鍛えるために筋トレをするだけでなく、**心も強く保っていこう、心と体の両方ともに強い力をつけていこう**というのが、わたしが目指すところです。

今後、競技をやめてサポートに回る態勢を整えているのは、ひとつには筋トレとトレーニング中にいろいろな相談を受けることで、少しでも悩んでいる方の力になれればと考えているからです。一人でもお医者さんや薬の必要がなくなる人がいれば、こんなにうれしいことはありません。

こんなことを考え始めたのは、わたし自身がこれまでいろいろな経験をしてきて気がついたことがあったからです。

心と筋肉とは、想像するよりずっと深い関係にあり、何より**心を強く保っていないと、よい筋肉を鍛えることはできない**と、信じているからです。

わたしも「うつ状態」だったことがありますが、そんなときは人にも会いたくないし、一日中パジャマで過ごしていました。そんなふうに、自分を〝必要のない存在〟と感じてしまうと、運動する気はあっても、ジムに行くことなんてとてもできないでしょう。やはり心が元気でないと運動をすることもできないのです。

知り合いに、うつ病が治らず17年間、薬を飲み続けている方がいます。もちろんわたしは医者でもないし、治すことなどできませんが、一人ではないんだというメッセージは送りたい。そのためならいくらでもサポートしたいと思っています。

なぜ心を鍛えることが大切なのか

わたしはトレーニング前に、まず気持ちを整えるようにしています。始める前の一瞬の集中力がポイントですね。体を意識するので、不注意なケガも防げます。

たとえばいつも3キロのダンベルを上げている場合、5キロに挑戦しようとすると、持った瞬間、「重い！」と体が反応してしまいます。当然ですよね。いつもより2キロも重いのですから。

そんなとき、**「重たいと思うけど、がんばって上げてね」と筋肉に話しかける**んです。それでも上げた瞬間、脳が「重い！」と悲鳴をあげるので、「上げられるからね、上がるよ」と、言葉がけをしていくんです、自分の筋肉に。

うそみたいと思われるかもしれませんが、ぜひやってみてください。**筋肉は裏切りません**から。

意識を自分の体に向けて、心と体が協力して働くようにするだけで、できそうもなかったことができるようになったりするのは、ほんとうに驚きです。

そして、人間って案外単純なので、一度できてしまうとうれしくなって、もっとやってみたいと前向きな気持ちに変わっていくものなのです。

とにかく長時間トレーニングをすればいいとか、より重いダンベルを上げればいいというものではなく、問題は**その大事な一瞬に気持ちを固められるかどうか**、なんです。生徒さんの中には、始める前に「よーし‼」と声をあげる方がいらっしゃいますが、それも集中力を高めるのに、とてもよい方法だと思います。

フィギュアスケートの羽生選手が、平昌オリンピックでのパフォーマンスの後、ケガをしていた足首に「よくがんばった」とお礼を言うシーンが印象的でしたが、一流のアスリートほど、そんなふうに体への意識を持っているものです。

筋トレで得られるメリットは多い

まず、筋トレによる**肉体的なメリット**をあげてみましょう。

筋トレを開始してから15分くらいで、**「成長ホルモン」**が分泌されます。そしてこの成長ホルモンによって、**脂肪が分解**され、一度壊れた筋肉が再合成されて、**より強い筋肉**となります（筋トレ終了後、2〜3日経ってから）。

こうして筋トレを続けることによって、**脂肪が筋肉に代わって**いきます。

ほかにも成長ホルモンには、

（1） 骨の強度維持、骨粗しょう症の防止
（2） 免疫機能の維持
（3） 体がリラックスしたのち、より強くなる

などという効果があります。

筋トレなどの適度な運動は、体の血流を良くするので、循環機能も高めます。それによって筋肉がほぐれ、全身の血の巡りがよくなります。

すると体が**リラックスした状態**になるので、副交感神経もより強く働き、**ストレスを溜めにくい体**になっていきます。

また、筋トレによって体にストレスがかかることで、より**ストレスに対する耐性が増し、強い体になっていく**のです。

それ以外に、**精神的なメリット**もたくさんあります。成長ホルモンが分泌されることで、

（4）記憶力の向上、疲れや、やる気の低下

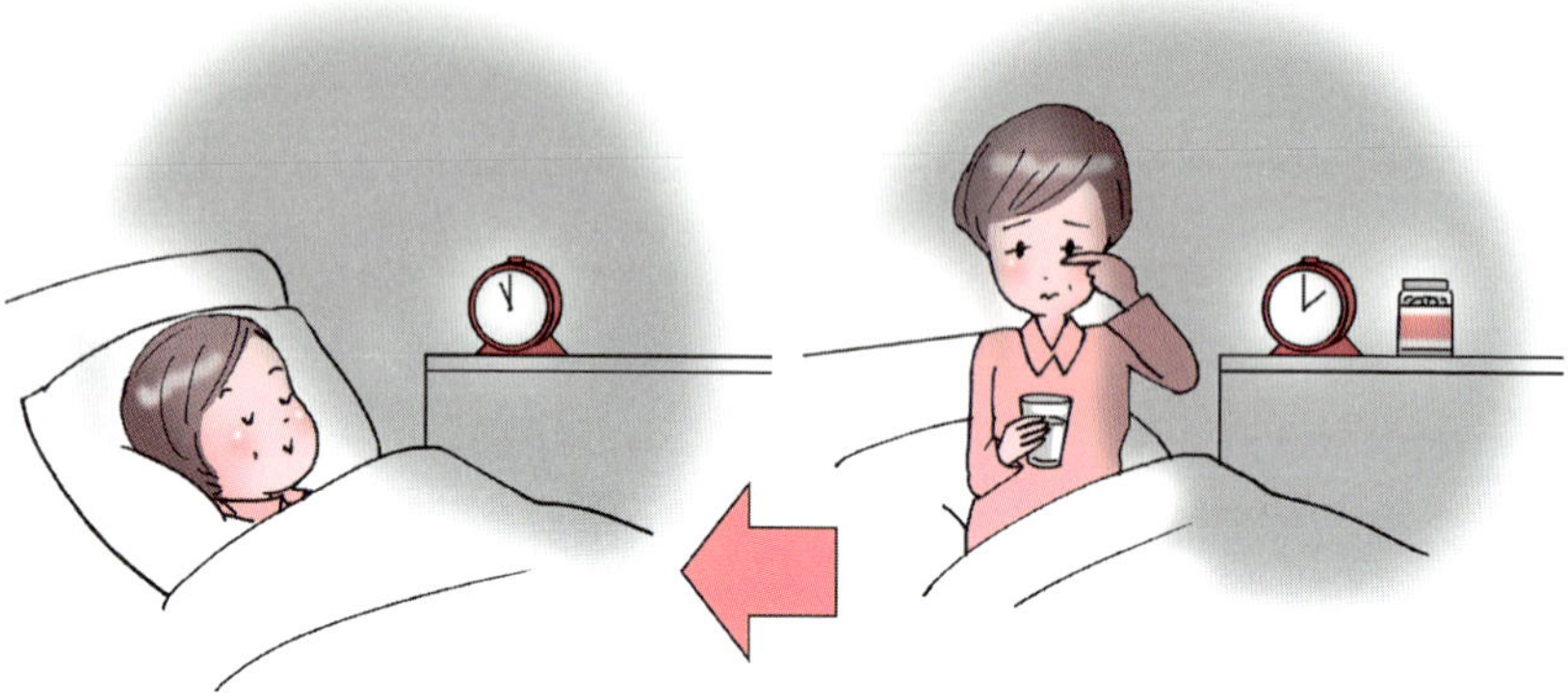

防止

（5）　ストレスが軽くなる

などがあります。

筋トレを行うことで、精神的にも適度な緊張が加わり、そして決められた目標を達成できれば、その爽快感でもやもやと溜まっていたマイナスの気持ちを和らげることができます。ストレスと上手に向き合って精神的に安定すれば、溜まったストレスも解消しやすくなります。

（6）　気持ちをリセットできる

「夫が適当なあいづちで聞き流した」、「娘が生意気な口をきいた」、「ＰＴＡの役員の人にひどいことを言われた」など、日常的に起こる、小さいけれど無視できなかったマイナスの感情を、**集中して筋トレをする間だけでも忘れることができる**ので、気持ちがリセットされていきます。

(7)　気持ちをコントロールできる

筋トレが習慣になり、自己管理ができるようになると、ストレスもコントロールして、気分を安定させることができるようになります。筋トレを続けることで、**いやだったことが気にならなくなって**きます。

(8)　寝つきがよくなる

わたしの周りでも、不眠症で睡眠導入剤を飲んでいる方が大勢いらっしゃいます。年齢の関係やいろいろなストレスで気持ちが不安定になるなど、原因はたくさんあると思いますが、ご存知の通り、睡眠不足は体にも心にも悪い影響を与えます。

ストレスで眠れないようなとき、筋トレによって適度に体を疲れさせれば、**張りつめていた神経が緩まり、質のいい眠りが訪れる**ようになります。

(9)　うつの予防効果がある

筋トレで脳の血流がよくなるので、活性化された脳の働きが向上します。うつ状態も改善する可能性があるといわれています。

このように筋トレは、心や体にとってよいことばかりなんです。

意志が弱いからと悲観しないで

筋トレは肉体にも精神にもよい効果があることを述べてきましたが、だれでも心配することは、よいとはわかっていても、続けられるかどうかということです。

「宮田さんは意志が強いから、優勝できたのよ」「わたしは意志が弱いから無理」とおっしゃる方が多いんですが、そんなことないんです。実は、**わたしは決して意志の強い人間ではないんです。誘惑に弱く、すぐにあきらめてしまう性格**なんです。「わたしは意志が弱いから無理」とおっしゃるみなさんと同じなのです。

やせなくちゃとか、ダイエットしなくちゃとか、みなさん口癖のようにおっしゃいますよね。**かっこよくなりたいとか、やせたい気持ちはだれでも一緒**だと思います。

でも、筋トレはつらそうなので、じゃあ、来週から、来月からやることにするなんて、つい自分に言い訳してしまう。

今はじめるのが「ちょっと気が重い」のなら、多分来週になっても、来月になっても、はじめるのは難しいでしょう。でもやっぱり、「今はとりあえず、いや」なんですよね。

わたしも意志が弱いのはみなさんと同じなので、その気持ちはよくわかります。

その意志の弱いわたしが、どうして短期間で優勝までできたのかと考えると、ひとつには４カ月後には何がなんでも大会に出なくちゃならないと、**期限がはっきり決まっていたから**ではないかと思います。

ですから、たとえば同窓会や結婚式に出るため、素敵な服を着るため、夫の目を見張らせるためなど、目的は何でもかまいません。とりあえず期限を決めてしまうと、気持ちに張りが出てきます。といっても、あまりにも遠い、何年先というのではモチベーションがあがりにくいので、数カ月先くらいを目標にしてみる。

目的が定まると、がんばってみようという気も起きますし、成功すればしめたものです。「やれた！」という**達成感も湧いて、筋トレ自体が楽しくなってくる**と思います。

自分も人もどんどんほめましょう

ほんのささいなことでも、**ほめてもらえると人にも優しくなれる**ものです。残念ながら、日本人は人をほめるのがあまり得意ではないですが、それだけにほめられたときはとてもうれしくなりますね。照れ隠しもあるでしょうが、生徒さんたちのほとんどは謙遜して、「いえ、わたしなんかとてもとても」と否定してしまいます。「なかなか運動が続けられなくてすみません」などと、申し訳なさそうにおっしゃる生徒さんまでいらっしゃいます。

でも、たとえば「今日、いろいろな家事を済ませてここにいらっしゃったじゃありませんか。それだけでもすばらしいことですよ、すごいですよ！」というと、「そんなことでほめてもらえるんですか」とはじめはちょっと驚かれます。でも、「今日の帽子、お似合いですね」など、小さなことでも見つけてほめていると、だんだんうれしそうな顔つきになって、表情も輝いてきます。**ほめられてうれしくない人はいない**ものです。

また、自分をほめてあげるのも、とても大事です。ほんの小さなことでかまいません。「今日は家事をよくがんばった！」、「よく子どもの相手をした」、「夫に当たり散らさなかった」、「腹筋を10回もできた」「レッスンに出てきただけでもえらい！」と、**一日に一つでもほめるところを見つけられれば、達成感も生まれ、筋トレをするのも楽しくなってき**ます。ですから、何かしら自分をほめるようにすると、楽しい気持ちで筋トレができ、その結果よい筋肉が作られることになるのです。

心と体は想像する以上につながっていますから、ほめ続けていくと、**体も喜んで、引き締まるし、素敵に変わっていく**ものです。これはわたしも経験したことなので、自信をもって言えます。

言葉は魅力にも魔力にもなる

わたし自身、特に子どもに対して言葉をかける際、失敗をたくさんしてきました。テストでまあまあの点を取って来ても、「なぜ、もっといい点が取れないの!」と責めたり、子どもも他の人も苦しめてきたと思います。

多分、人間はみんな、思っているよりデリケートで、傷つきやすいのです。

周りと比べ、自分だけが不幸だと思うときに出る「どうしてわたしばっかり」。いやなことがあるとつい、周りの幸せそうな人たちと比較してしまいますが、他人は他人。**いつも幸せにあふれた人なんて、そんなにいない**と思います。

「〇〇さんは、いいな。どうせわたしなんか」なども、気をつけたい言葉です。やってみようとしない言い訳になってしまうからです。

このような、あきらめや投げやりな言葉が口癖になると、だんだん「何をやってもどうせだめ」「あの人だからできたけど、わたしには無理」という気持ちに支配されるようになっていきます。

わたしも意志が弱く、自己嫌悪することもしょっちゅうです。でも、それに気づいたときは、**「みんな同じなんだ！」**と思い直すよう気をつけています。だめなのは自分だけじゃないと思うようにすると、気が楽になりますよ。

つい出てしまうためいき。もし出てしまったことに気づいたら、「よし！」となるべく勢いをつけて、大声で口にしてみましょう。それだけでも気分は変わります。

休むこともトレーニングと考えて

筋トレで筋肉が一時壊れ、それが回復してより強い筋肉になるのには、2日から3日かかります。ですから、1〜2日おきに週3回くらいのペースでのトレーニングが最も効率がいいのです。やみくもに運動を続けても、あまり意味はありません。

わたしは、筋トレの後、お気に入りのカフェでコーヒーを飲むのをいちばんの楽しみにしています。ゆっくりリラックスして休んでいる間に、筋肉ができあがっていくので、「今、筋肉が育っているんだ。この休みも筋肉のためになっているんだ」と思って、**罪悪感を感じることなく、リラックス**しています。

昼寝もおすすめです。1時間以上筋肉を使うと、どうしても体がだるくなるので、帰宅してからつい眠ったりしがちです。でも、そうして眠っている間にもよい筋肉が育っているのです。

「がんばったし、筋肉のために寝てあげよう」と考えて、ゆっくり休んでください。ただ30分以上の昼寝は、夜眠れなくなるので気をつけましょう。

人の言うことは気にしない

同じことを言われても感じ過ぎてしまう方、あんまり気にならない方、さまざまですが、現代に生きていてストレスを感じていない人は、ほとんどいらっしゃらないと思います。

家族からも、遠慮なしにズバッと心をえぐる言葉を投げつけられることだってあります。ストレートに、「太ったね」なんて言われると、「なんでそんなこと言われなくちゃならないの」と反発しますが、ふつう「怒っても大人げない」と、胸のムカムカを抑え込んで、イライラする……。ほとんどの人がそうだと思います。

でも、そんな些細な日々のストレスも、溜め込むとたいへん。我慢に我慢を重ねていると、抑えきれなくなって、やがて大爆発が起こります。

うまくストレスと付き合う秘訣は、そうなる前に少しずつ発散させること。そうしないと、日々生きていくのが辛くなってしまいます。

他人の意見を聞くことは大事ですが、ストレートに受け止めて、いちいち言葉通りにしようとしていたらきりがありません。誰からも認めれたいなんて思ったら、がんばりすぎて疲れ果ててしまいます。そうならないためには、まず自分の**受け止め方、そして考え方を変えてみる**ことが大事なのではないでしょうか。

「わたしのほうが正しいはず。悪いのは向こうなのだから、まず向こうが変わるべき」と思っても、人を変えることは簡単ではありません。自分の見方・考え方を少し変えてみるほうが結局は目的に近づくことができるものです。

最近のSNSや2ちゃんねるを見ればわかるように、どんな完璧に見える人にもアンチはいます。何をしようがしまいが、非難する人は非難します。他人は無責任ですから勝手なことを言うものです。ひとり一人の言葉をまともに受け止めていたら、生きていけません。

開き直りも大切

ある意味開き直って、「自分が心地よければいい」と考えるようにしてみたらどうでしょう。言い方は悪いですが、こういうことに関しては、**「自分がいいと思ってさえい**

れば、他人はどうでもいい」のです。

意見してくる人に対しては、〝それはその人の意見〟として、「自分は欠点ばかりの人間かもしれないけど（それは誰だって同じです）、まあ、いいか」くらいの気持ちで軽く受け止めるようにしてみる。

そして、自分にとって**前を向かせて励ましてくれるような言葉、心がうれしくなるような言葉**（お世辞という意味ではありません）を取り入れるようにするのです。

ファッションも楽しくなる

「いいな」と思った服があっても、「年齢にしたら派手かな」とか「近所の人に何か言われるかも」「変に思われたらいやだわ」とひるんでしまうこと、ありますよね。

60歳過ぎたのに、こんな明るい色は目立つとか、**つい人の目を気にして、いつもの無難で地味な服を選んでしまう**方も多いのではないでしょうか。

でも、結局は**自分の人生**です。文句を言った人が責任を取ってくれるわけでもありません。関係のない他人に気を遣って遠慮していては、時間がもったいないと思いませんか。

人間、首のまわりに年齢を書いた札をぶらさげているわけではないので、すれ違う他人に、あなたの実年齢なんかわかりません。他人が見るのは見た目、あなたのパッと見の印象が素敵かどうかだけなんです。

あなたがほかの女性を目にしたとき、たとえ年配でも、素敵におしゃれをしている方を見ると、うれしくなるでしょう？

地方によって違いはあると思いますが、お葬式に派手な服を着ていくとか、冠婚葬祭にＴＰＯを無視した格好をしない限り、ファッションなどで他人様に迷惑をかけることなんてないはずです。年齢で決めつけず、思い込みを少し緩めてみませんか。

変わるきっかけやチャンスは、きっとどこにでもあるはずで、その気になっていれば、向こうから近づいてくるものです。

何か些細なことがきっかけになって、心構えが変われば、体の細胞まで若返ることだってありえます。そうなると、たとえば服選びも、気持ちの弾む色やデザインを選ぶように変わってくるかもしれません。自分の気に入ったおしゃれに身を包んだ生き生きとしたあなたを見れば、**周りの人の気持ちさえ明るくなる**ものです。

わたしのスタジオに、60歳を超えてから「トレーニングをやってみたい」と飛行機で北海道からいらっしゃる方がいます。競技会に出場するために、演技の指導をしてほしいと見えられたのですが、60歳を超えた年齢にも驚きましたが、さすがに北海道からというのには驚きました。こうと決めたら、前向きにチャレンジする姿勢にとても感心しました。

この時代、60歳を超えてもお元気で若々しい方は大勢いらっしゃいます。

「もう年だから」、「太っているから」などと、**自分から枠を作って制限してしまう**と、何事もする前から「どうせだめだ」とあきらめるようになってしまいます。気力もだんだんなくなっていくかもしれません。

変われる可能性に年齢制限はありません。極端な話ですが、以前に話題になった「きんさん、ぎんさん」、覚えていらっしゃいますか。

当時100歳だったのですが、あのきんさんは自分からちゃんと歩けるような運動ができないかと、専門家に聞き、足首に重りを付けるようにしたら、ちゃんと脚の筋肉がついたそうです。

100歳の方でも筋肉がつくのですから、今からスタートしても全然余裕ですよ。

一人ではとても続けられそうもないというときには、ご夫婦やお友達と一緒にできる運動もたくさんあります。お互いに刺激しあって運動をするのも楽しいですよ。

筋トレがダイエットに結びついた例

わたしが働いていた女性専用ジムの生徒さんで、当時39歳、お子さんが三人いらっしゃる方がいました。お子さんの卒園式に、「スーツが入らない！　やせたい」と、ダイエットが目的でジムに通いはじめた方です。

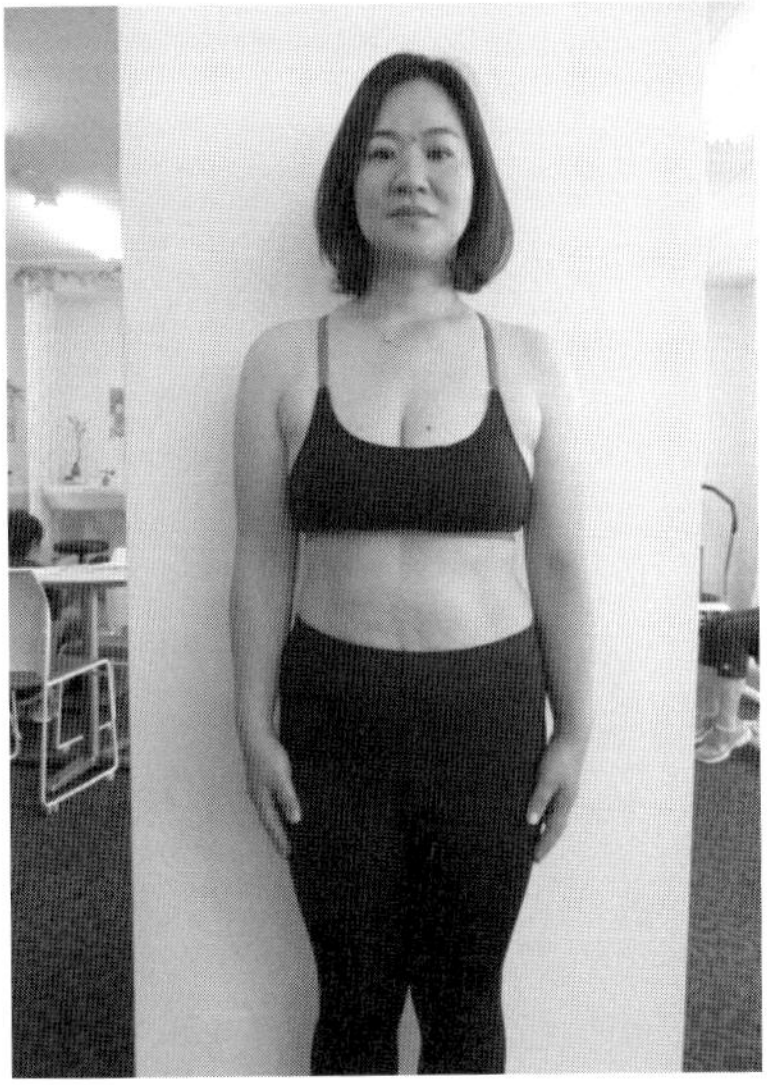

ダイエットが目的で筋トレをはじめたAさん

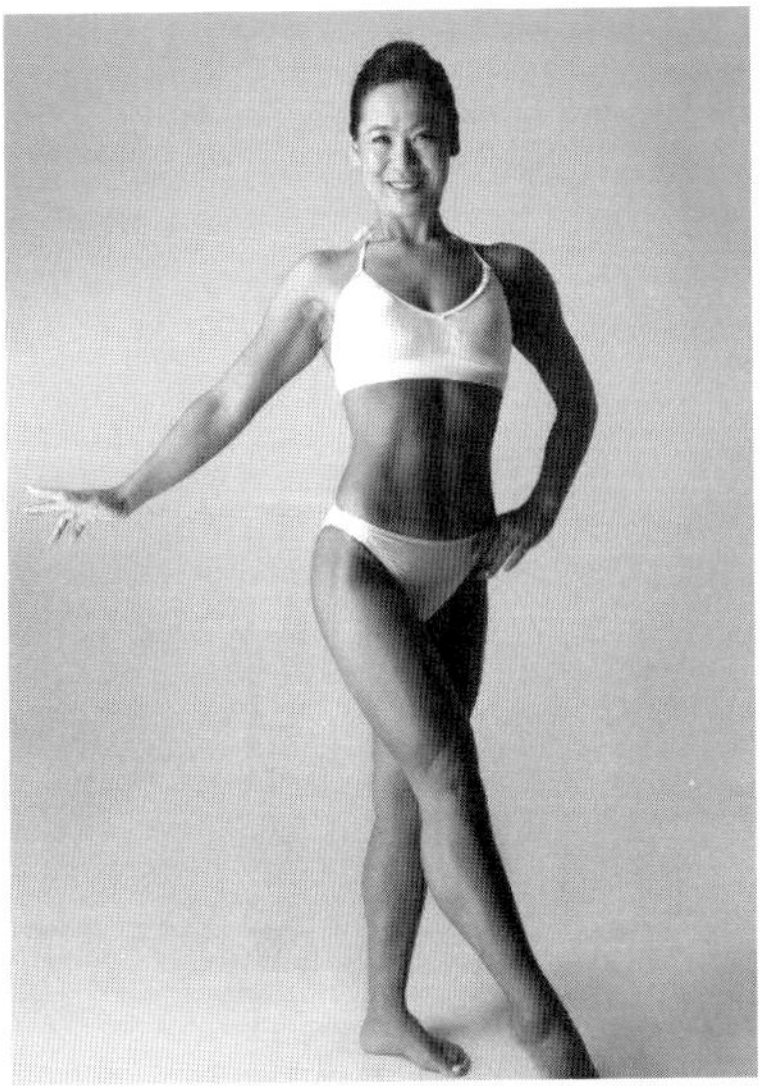

8カ月後に行われたボディビルの大会に出場したときのAさん

まだちょっとぽっちゃりしていましたが、「先生みたいになりたい」と、必死にトレーニングをしていました。ダイエットが最初の目的でしたが、一生懸命がんばっていたので、「一緒にボディビルの大会に出てみない?」と誘ってみました。

そのとき、もうひとり彼女のママ友のRさんがいました。Rさんは41歳で同じ三人のお子さんがいらっしゃる方でした。仕事をしながら子育てをするという多忙な二人でしたが、一緒にトレーニングをはじめることになりました。

「大会まで8カ月しかないから、覚悟しないとね」と、初めに言い渡したのですが、二人ともとても素直で、半べそをかきながらでも、一生懸命ついてきてくれました。

朝早くから一緒にポージングの練習もしましたし、たいへんだったと思います。何度も、「やめたい」ともらしていましたが、それでも続けてくれました。

友人でもあり、ライバルでもある二人なので、「一緒にがんばろう」と励ましあう気持ち、「負けたくない」という気持ちが刺激になったのが、よかったのだろうと思います。


周りに気持ちがゆるめの人ばかりのなかで、一人でがんばるのは難しいでしょう。**がんばる人には周りにがんばる人が集まってくる**ような気がしますね。**「がんばりの連鎖」**とでも呼べるものが、そのときの二人にはあったと思います。

いろいろ忙しい時期だったでしょうが、〝時間の余裕があったら、まずトレーニングをする〟というように、**一日の優先順位を変えた**んだと思います。とにかくすごいエネルギーでしたね。だんだんと自分が変わってくるのがわかってきたときは、「楽しい」と言ってくれるようになりました。

ハイレベルな大会だったこともあって、入賞は6位までのところ、一人は7位、一人は8位で惜しくも入賞は逃したのですが、初めての挑戦なのにここまでやれたのは、とても立派だったと思います。そしてお二人とも筋トレとダイエットで、筋肉がついてメリハリのある素敵な体になりました。

また、「あのとき、やりとげた！」という**成功体験は、その後にも役立ったのではないかと信じて**います。

70代の生徒さんで、一度転んで手を痛め、一時休会されると、残念なことにケガが治っても来なくなってしまったケースがあります。

筋トレに通い始めて、それが習慣になり、楽しくなってくると、来ることが当たり前になり、よいサイクルが生まれますが、一度期間が空くと面倒になってしまい、行かないのが当たり前になるという悪いサイクルにはまってしまいます。おっくうになるし、みんなと顔を合わせづらくなってしまうんです。

わたしを含め、**人間は意志が弱いので、楽な習慣にはずるずると流されやすいもので**

す。筋トレに限らず、トレーニングを続けるうえで、これは大きな障害になりますね。
逆に、よい習慣をつけられれば、もう勝ったも同然（?）です。日々自分と戦い、駆け引きに挑戦するのは大変ですが、それだけの価値はあります。

これには、1カ月で10キロやせるとか、目標をやたらに大きく立てず、日々達成できるような小さな目標を目指すのがコツです。日々、達成感が味わえると、やる気も湧いて、成功率がグーンと上がりますよ。

人間は弱いので、つい「時間がない」と自分に言い訳をしてしまいます。そんなときは、それに優先順位をつけてみましょう。たとえば、やらなければいけないことを書き出してみてはどうでしょう。
平日なら仕事、家事、買い物、休日ならやり残した家事、買い物、子どもの世話などの用事があるでしょう。やろうと決めた腹筋とか、ジムに行くなどを優先順位の1番に決めてしまうのです。もう決まったこととして習慣にしてしまえば、意外とスムーズにいくものです。

何もしなくても、月日はどんどん過ぎていきます。やらない言い訳を考えるより、今が人生で一番よい時と考えて、とにかくはじめてみませんか。

ご褒美をつくる

第2章の最後に、筋トレ・心トレを長く続けるための、女性ならではの秘訣をお教えしましょう。それは「ご褒美をあえてつくる」ことです。

最近気がついたのは、女性ってわたしを含め、ポイントを集めて景品やご褒美をもらうのが好きだ、ということ。お得感・ご褒美感が女性の何かに訴えかけるのですね。わたしの働いている女性専用ジムでも、マシンでの運動をポイント制にしたところ、みんながこぞってやるようになったんです。ポイントを集めて手に入るのが、一本100円くらいのお茶なのに、です。

ですから、これを利用して、**自分で決めたこの運動を一週間やれば、ご褒美にケーキを食べていい、などと決めて**みてはどうでしょう。

誰かに〝認められた感〟はとても大事ですが、実際には、最初から誰かが認めてほめてくれるなどということは、ほとんどないかもしれません。でもそれなら、まず**自分で自分を認めて、ほめてあげればいい**んじゃないかと思うのです。

←実技ページの難易度について

●身体的な負担の大きさや難しさを示しています。

★	気軽に始められ負担の少ない運動。
★★	★より負担は大きいですが、楽にできる運動。
★★★	やや負担は大きくなりますが、健康なら普通にできる運動。
★★★★	健康な人でも負担に感じる運動です。効果も大きい運動。
★★★★★	ジムなどで行う負担が大きい運動。本書では紹介していません。

50歳からの健康を一緒に考えましょう（健康編）

トレーニング①

難易度★☆☆☆☆

体の血流をよくするグーパー

朝、なかなか体が目覚めない人におすすめ。体の前・上・横・下に両腕を伸ばし、血流が指先まで流れるように勢いよく手のひらを広げて、結んでグーパーをします。

運動のめやす 朝起きたら、体全体の血流をよくするために各10回くらい行います。

❶ 水平を保ち前に伸ばす

両手を前に伸ばし、
強く握る
まっすぐ伸ばす

❷ 血液が指先まで行き渡るイメージでパッと開く

パッと開く
勢いよく手の
ひらを開く

❶ グーのまま両手を高く上げる

❷ 高く上げたまま、手のひらをパッと開く

❸ グーのまま両手を広げ、手のひらをパッと開く

❹ グーのまま両手を下ろし、手のひらをパッと開く

トレーニング②

難易度 ★☆☆☆☆

天に向かって大きな声をあげて

これも朝におすすめの運動。体を小さく抱きかかえ、勢いよく立ち上がり、天に向かって両手を広げます。このとき、大きな声をあげると体が活性化し、自律神経が整います。

運動のめやす 大きな声をあげて手足を伸ばすとすっきりします。10回がめやす。

❶ 肩を抱いて小さく体を縮める

小さくなって

❷ 体を起こす

両手を
広げて

❸ 両手を大きく広げる

同時に
大きな
声を出す

トレーニング③

難易度★

ドッグ&キャットのポーズ

イヌとネコのポーズは背中を凹ませるか、凸にするか対称的です。凹凸をくり返すことで背中にある筋肉をほぐし、体幹を鍛えます。

運動のめやす　腰や肩のこりをほぐします。ゆっくり10回をめやすに。

❶ 背中を凹ませイヌのポーズ

❷ 背中をまっすぐ

❸ 背中を丸めてネコのポーズ

トレーニング④

難易度 ★★☆☆☆

お尻の筋肉を鍛えるトレーニング

朝起きたときや寝る前におすすめの、仰向けで行う簡単トレーニング。ゆっくり腰を上げ下げするだけですが、太ももの裏側やお尻周辺の筋肉が鍛えられます。

運動のめやす 朝と夜に10回ずつ行うと、腰痛防止や歩行に役立ちます。

❶ ひざを曲げて仰向けに寝る

手を十分に伸ばして

❷ 腰を持ち上げる

手に力を入れて

❸ 腰を十分に上げて静止

しばらく静止して下ろす

トレーニング⑤

難易度★★

ホルモンバランスを整える運動

両手を肩に持って行き、肩を軸にしてひじで円を描く運動です。わきに集中するリンパの流れをよくして、ホルモンバランスを整えイライラを抑えます。

運動のめやす　朝と夜に10回程度行います。肩こりも改善します。

❶ 両手を肩につける

しっかりひじを曲げる

❷ 手を肩につけたままひじを上げる

肩を軸にする

❸ さらにひじを高く上げる

❹ ひじで円を描くように肩を回す

前から後ろへ

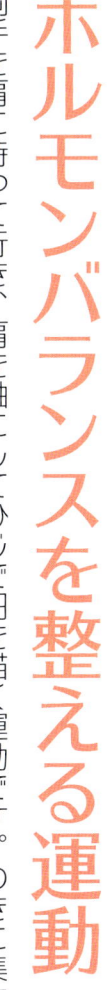

トレーニング⑥

難易度 ★★☆☆☆

チャンピオンになったつもりで

両手を上げてチャンピオンのポーズ。これを基本に両手を広げたり上げたりして、腕や胸の筋肉を鍛えるとともに関節の動きをスムーズにする運動です。

運動のめやす 上肢を鍛え肩の関節可動域を広げる一連の運動は、5回をめやすに。

1 チャンピオンのポーズ

❶ 足を広げて立つ

❷ 胸を張って
ゴリラポーズ

❸ 両手を上げて
チャンピオンポーズ

2 両腕を左右に開く

❶ 両ひじを前で合わせる

●横から見たら

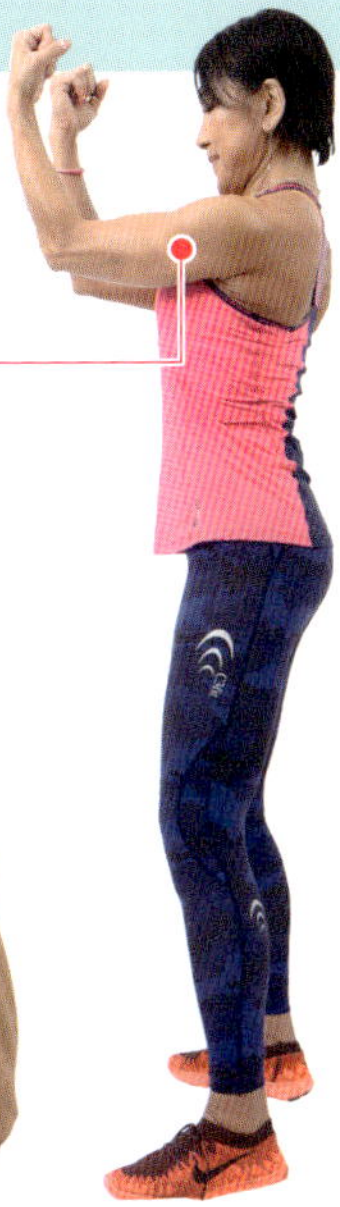
上腕に力を入れて

両ひじを合わせる
（できる範囲で）

肩に力を入れて

❷ 両手をゆっくり開く

3 両手を上げて

❶ 天井を押し上げるポーズ

●正面から

ひじをよく曲げて

手のひらを
上に向ける

十分にひじを伸ばす

❷ 天井を押し上げるイメージで

ひじが十分に伸びている

●正面から

4 肩から体ひねり

❶ チャンピオンのポーズ

足を十分に開く

❷ 肩から体をひねる

腰の位置は
変えない

❸ 反対に体をひねる

肩の動きを意識して

トレーニング⑦

難易度 ★★★☆☆

中腰でひじを引くポーズ

中腰になってひじを両腹にぴったりとつけ、ゆっくり後ろに引きます。ひじの高さを変えないで曲げ伸ばしするのが効果を上げるコツです。腕の裏側が引き締まります。

運動のめやす　トレーニング⑥の一連として5回をめやすに行いましょう。

❶ 手をひざに置き中腰になる

背中は曲がらないように

❷ ひじを引く

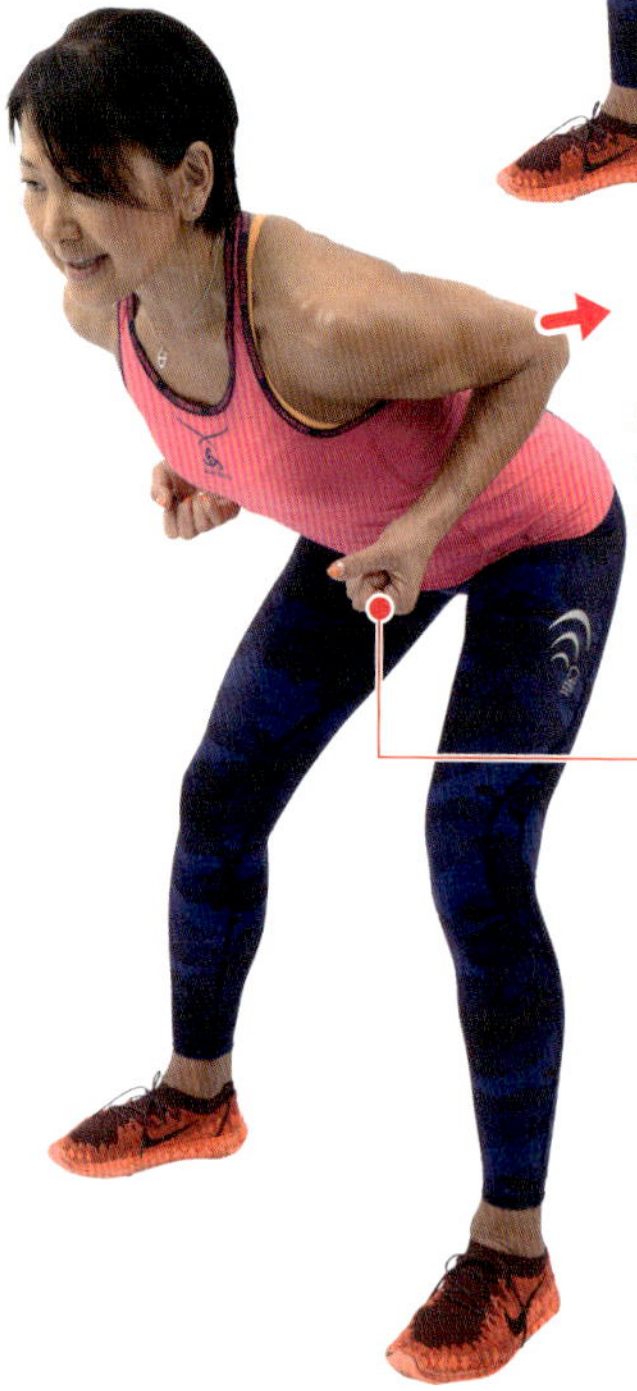
まっすぐひじを後ろに引く
手は強く握って

悪い例
わきが開いている
ひじが開いてしまう

●横から見たら

背中と上腕が平行
十分にひじが引かれている

❸ 腕を後ろに伸ばす

中腰のまま
胸を張って

●横から見たら

ひじがまっすぐに伸びている

トレーニング⑧

難易度 ★★★☆☆

歩行がラクになる下半身の運動

太ももや腹筋、腰の周囲の筋肉を鍛える運動です。歩くのがラクになることで体調が日々よくなります。つま先を上げて行うのが効果を上げるポイントです。

運動のめやす　1と2の運動は10回程度。上級編の3は5回程度に。

1 つま先を上げて足をゆっくり上げる

❶ ひじをついて体を起こす

❷ 片足を上げる

❸ 高く上げる

2 かかとで空気を押し出すイメージ

❶ つま先を上げて足を上げる

片方のひざは
曲げて

つま先は上げたまま

❷ ひざを曲げて

❸ 思い切り蹴り上げる

太ももの裏の筋肉を
十分に伸ばす

3 横に押し出す

❶ 片足を上げる

つま先を上げたまま

❷ ひざを十分に曲げる

❸ 足を横に伸ばす

ひざをまっすぐに伸ばす

トレーニング⑨

難易度 ★★★★☆

いすを使った後ろ懸垂《けんすい》

いすに対して後ろ向きに立ち、両手をいすの面において体重をかけます。ゆっくりひじを曲げていき、床にお尻が着きそうになったら伸ばします。腕の裏側が鍛えられます。

運動のめやす 5回をめやすに。体をゆっくり上下させると効果がアップ。

❶ いすの座面に手をかける

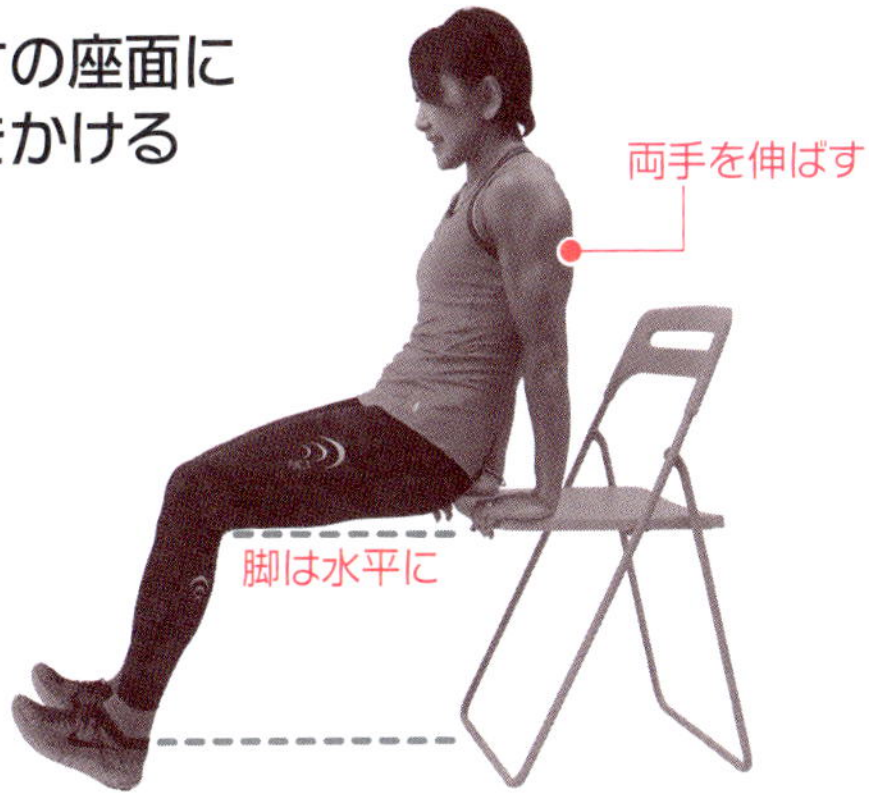
両手を伸ばす
脚は水平に

❷ ゆっくりひじを曲げる

曲がるところまででOK
ゆっくり腰を下ろす

❸ ゆっくりひじを伸ばす

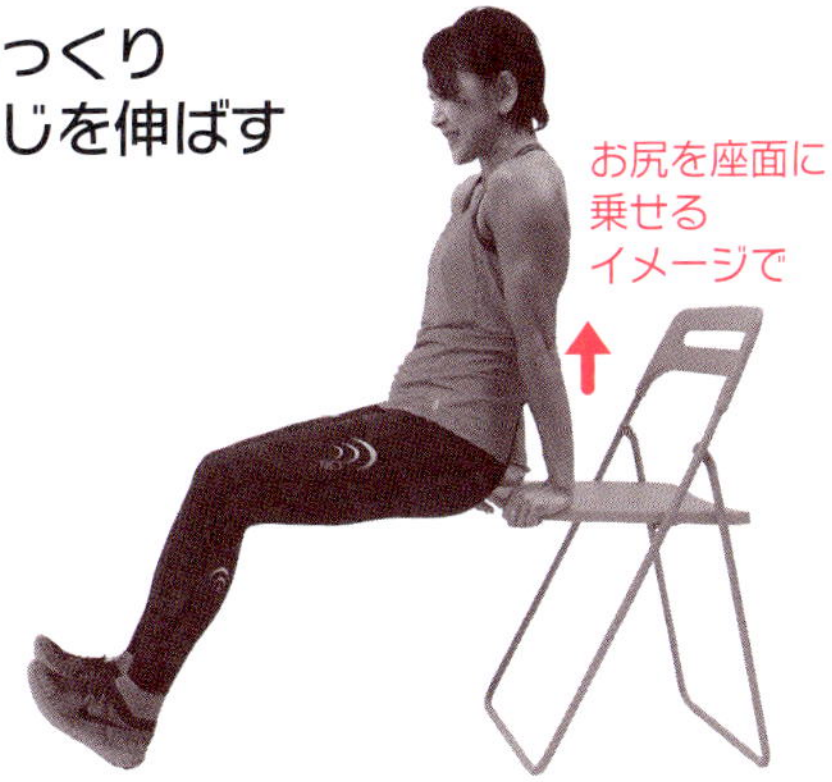
お尻を座面に乗せるイメージで

トレーニング⑩

難易度 ★★★☆☆

15秒・30秒プランク

ひじを床に着けて腰を上げて静止します。ラクそうに見えますが15秒間でも相当ハードです。慣れたら30秒間に挑戦を。腹筋を中心に体幹を鍛えます。

運動のめやす 最初は2〜3回からはじめて、回数を増やしましょう。

1 腰を上げて静止

❶ ひじを着いてうつ伏せに

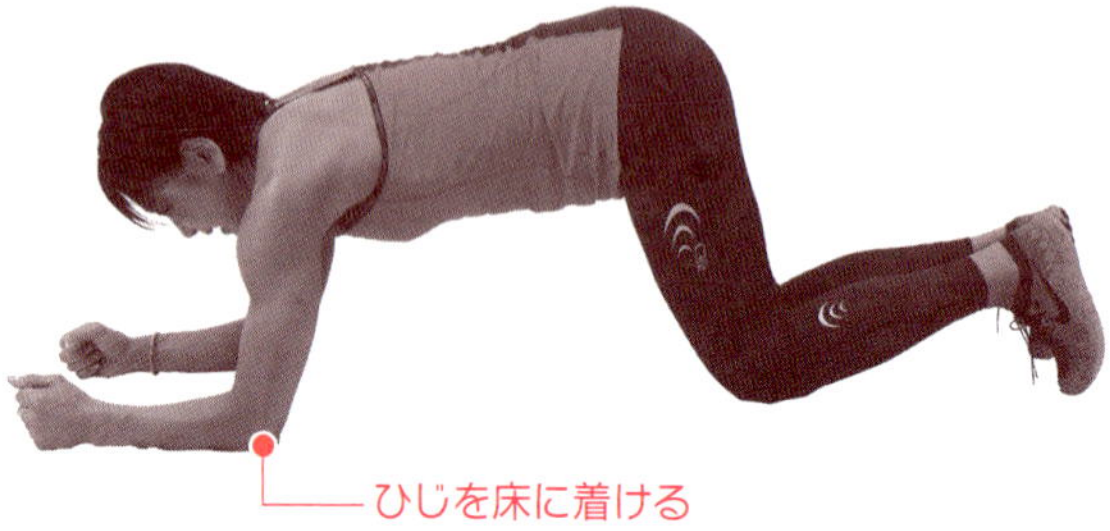

❷ ひじを着いたまま体をまっすぐに

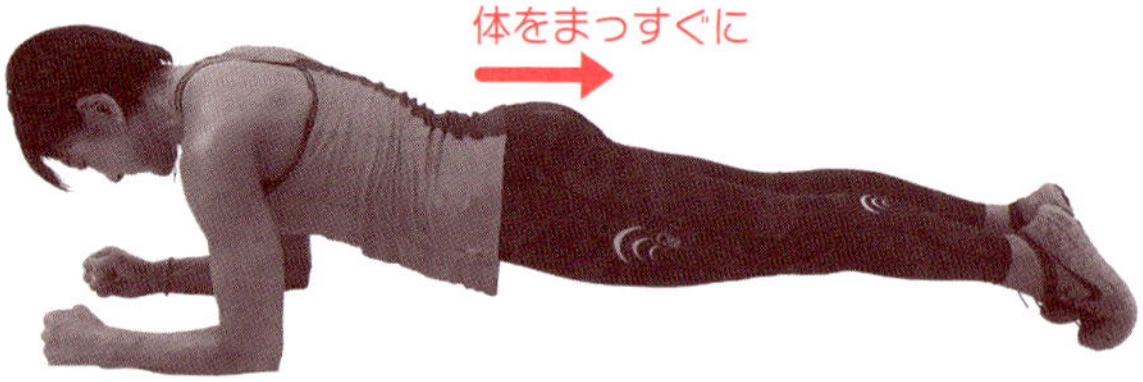

❸ ゆっくり腰を上げて静止

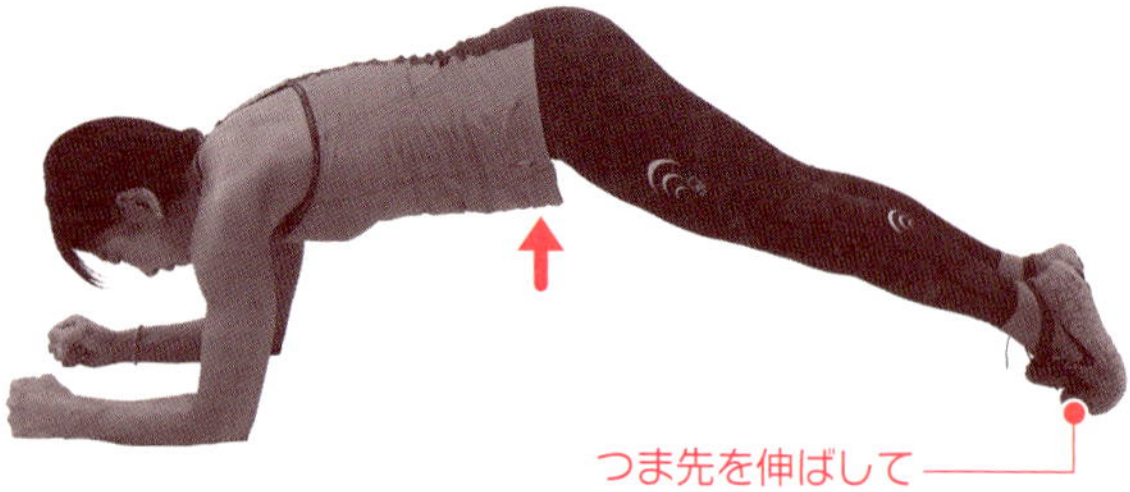

※プランク＝身体を厚い板（plank）のようにまっすぐ伸ばしながら維持することで、腹筋などを鍛える筋トレ。

2 片足を上げる応用編

❶ ひじを着いたまま体をまっすぐに

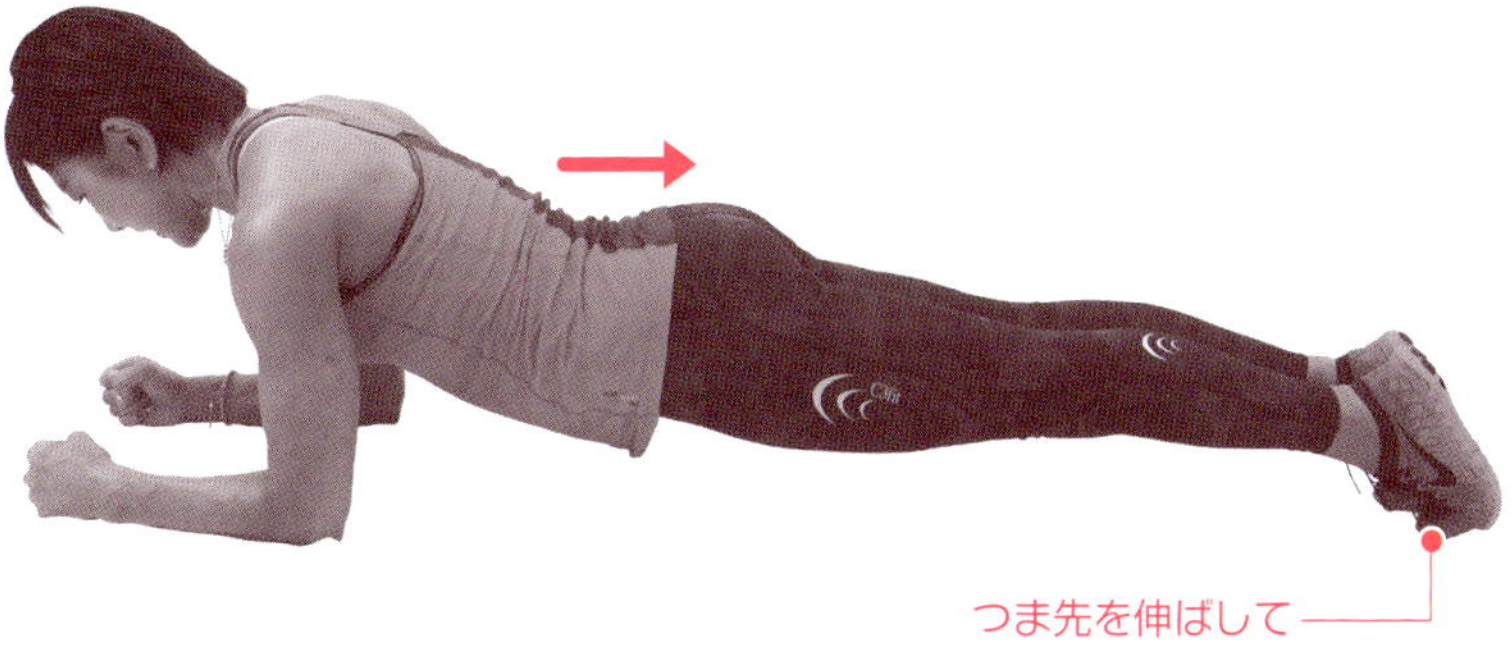
つま先を伸ばして

❷ 片足を上げる

できるだけひざを曲げない

❸ もう一方の足を上げる

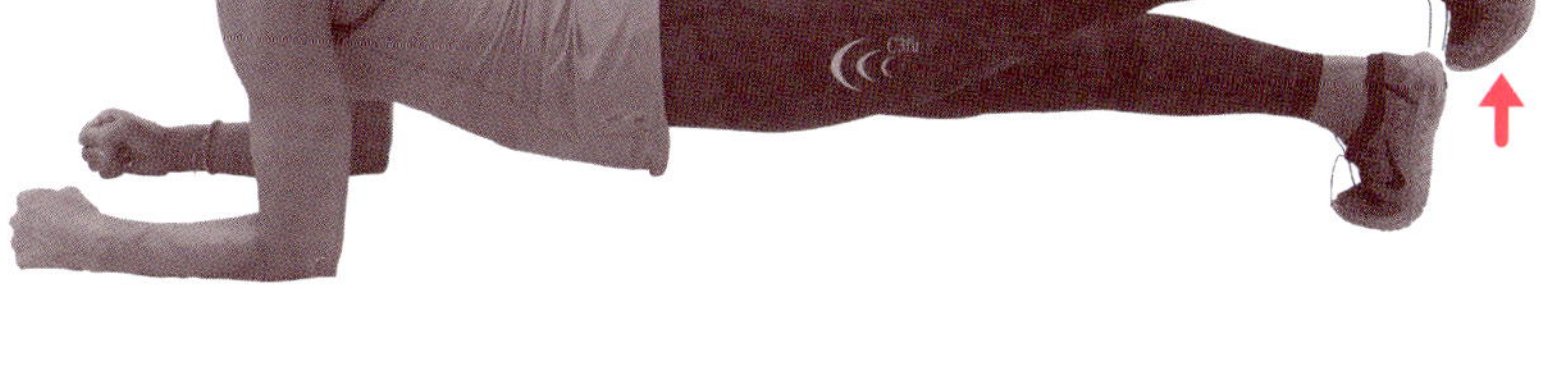

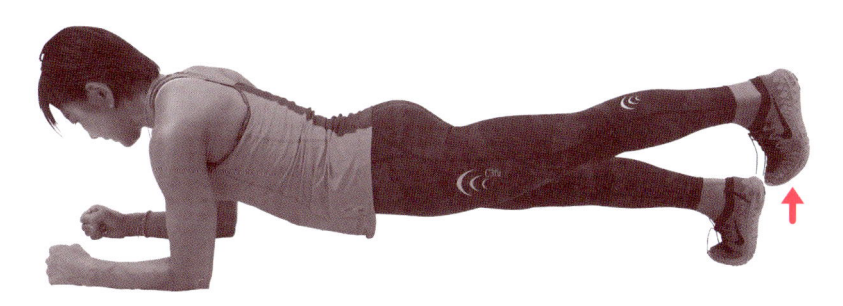

トレーニング⑪

難易度 ★★★☆☆

ゴリラのスクワット

下肢の筋肉を鍛えるスクワットにはいろいろなパターンがあります。ゴリラのポーズをベースにした脱力スタイルのスクワットを紹介します。

運動のめやす 一連の運動を5回程度行いましょう。

1 背中を丸めて

❶ ひざに手を置き中腰に

背中を十分に
伸ばして

❷ 両手を前で組んで

ひざを十分に曲げて

手はまっすぐ前に伸ばす

❸ 背中を丸めて両手を前に伸ばす

2 ゴリラのスクワット

❶ ゴリラのポーズ

お尻を突き出して
リラックス
肩の力を抜いて

❷ 両手を前に

お尻を
突き出した
まま
手のひらを広げて

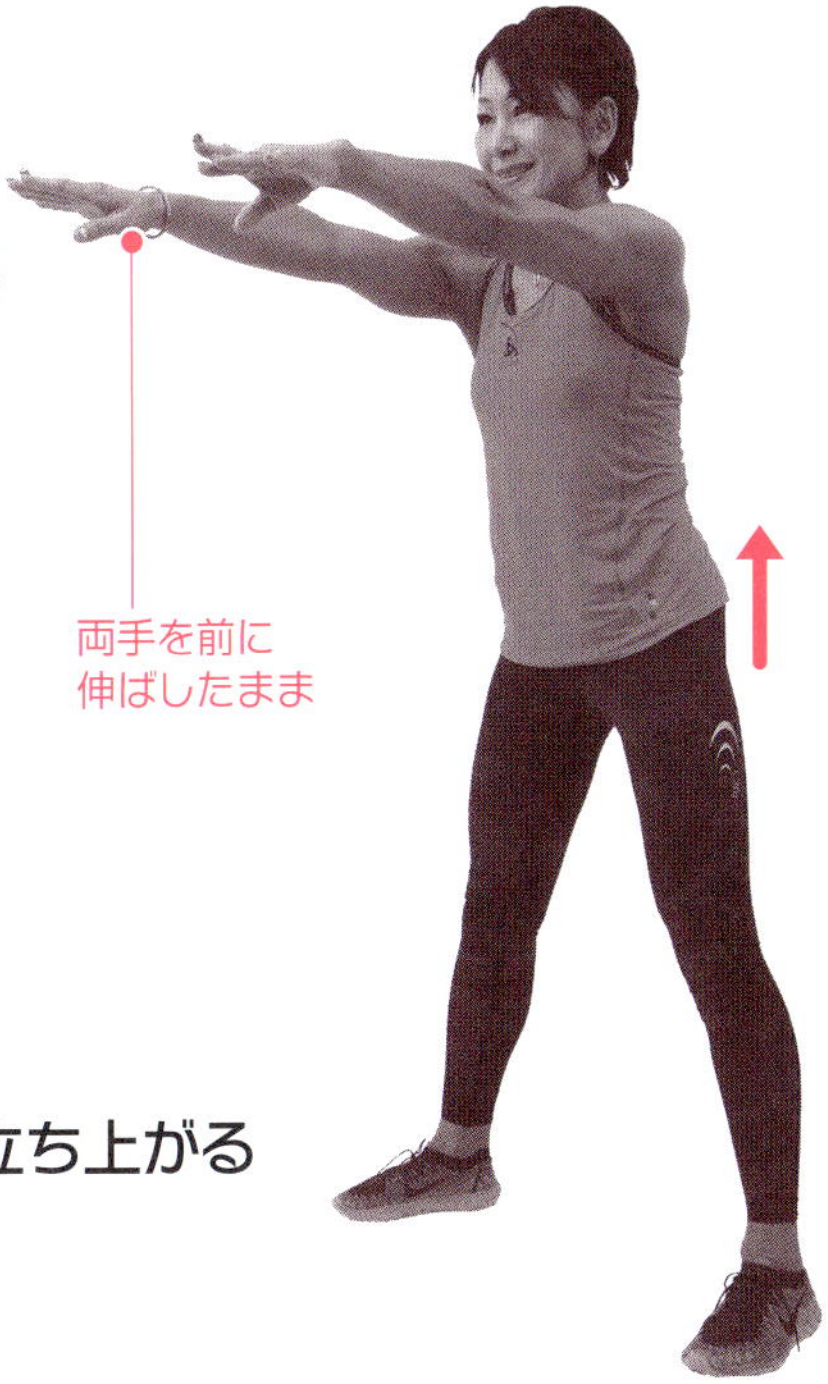
両手を前に
伸ばしたまま

❸ そのまま立ち上がる

トレーニング⑫

難易度 ★★★★☆

パートナーとペア・スクワット

家族とペアを組んで行いたいスクワット。スクワットしながら引っ張り合うのがポイント。下肢だけでなく上肢・体幹の運動にもなります。

運動のめやす 意外にハードなので5回程度をめやすに行いましょう。

❶ パートナーと手を組む

腰を下ろして
握手

❷ 引っ張り合う

腰を下ろしたまま
体重をかけて引き合う

❸ 引いたまま立ち上がる

ゆっくり立ち上がる

❹ 次は反対の手を組む

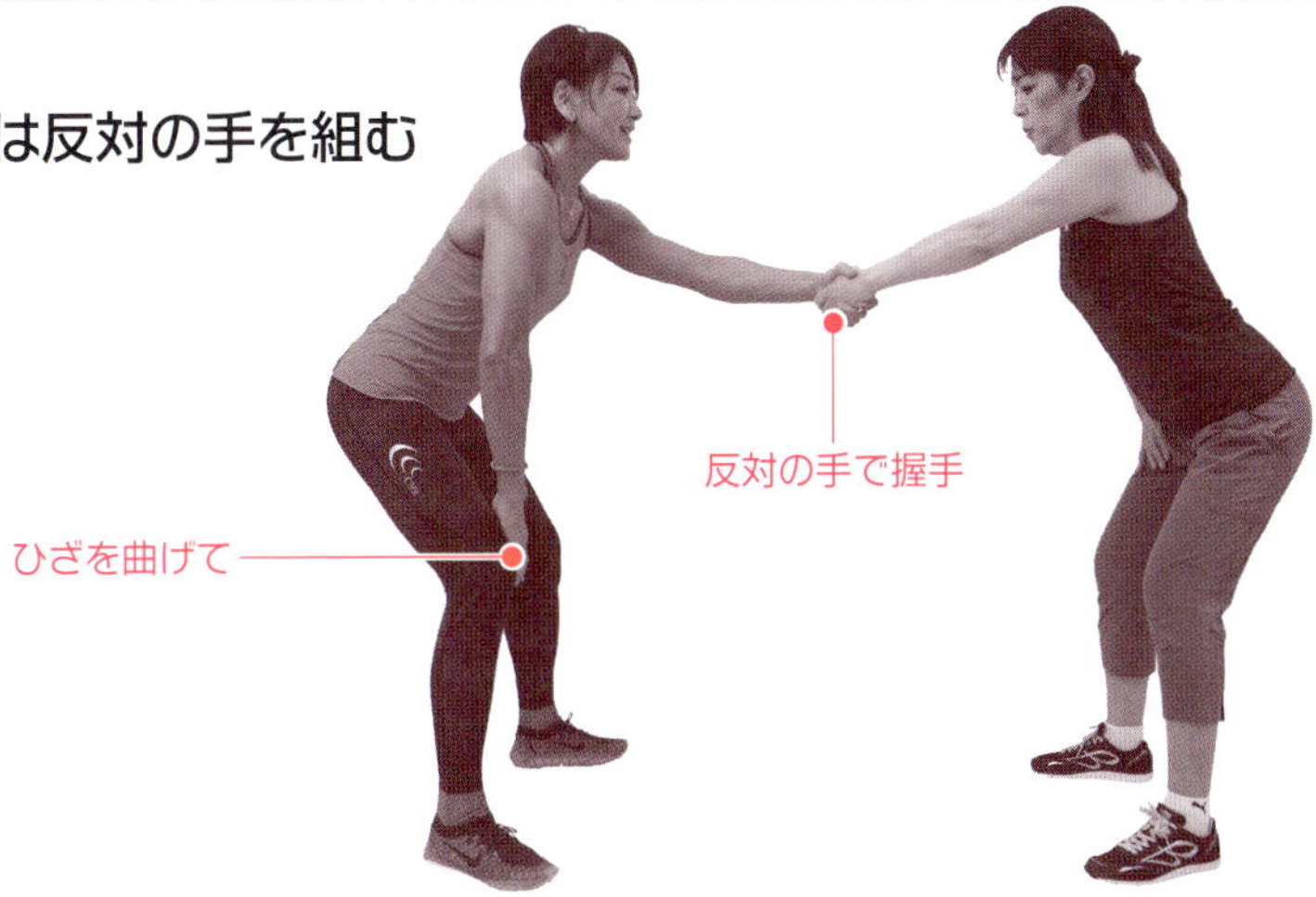
反対の手で握手
ひざを曲げて

❺ 引っ張り合う

手をひざに置いて

❻ 体重をかけて引く

お尻を後ろに
下ろす

体調不良の改善に筋トレは効果がある

この章で紹介した筋力トレーニングなどの運動は、日常生活で感じるちょっとした体調不良の改善にとても役立ちます。

女性は、50歳前後になると、体の変化にともないさまざまな不調が現れます。四十肩・五十肩、腰痛、ひざ痛などの体の痛み、不眠、気力減退、食欲不振などに悩む方も少なくないでしょう。

さらに、**50歳前後は、人生の大きな曲がり角にさしかかる年齢**です。子どもたちが巣立ったあとの空虚さから、いわゆる**「空《から》の巣症候群」**に見舞われる女性も多いでしょう。自分や夫の親の介護の問題も、そろそろ出始める年齢です。がむしゃらに働いていた夫もそろそろ先が見え、夫婦の目標も徐々に変わってきます。

独身の女性も、体調の変化や老後の不安は同様で、がむしゃらに働いてきた女性はよけいに、いつまで自身の能力が通用するかなどの悩みを抱え、不安定な時期を迎えます。

こうした身体的な不調や精神的な不安を解消するためにも、無理のない範囲で筋トレを続けましょう。

筋トレの効果をあげていくと……

第2章で、筋トレで得られるメリットを紹介しましたが、体調不良の改善に役立つ効果としては次のようなものが考えられます。

・活動しやすい体になる

体力がつくので、運動をしても呼吸が乱れにくく、疲れにくくなります。また、筋肉がついて動きが軽快になり、活動しやすい体になります。

・血行がよくなる

筋肉には血流を促進させる作用があるので、筋肉を動かすことによって、全身の血行がよくなります。

・風邪をひきにくくなる

血行がよくなることで基礎体温が上がり、免疫力も上がって、風邪もひきにくくなります。

・冷え性が改善される

血行がよくなることで、手足の指先のような体の末端まで血液が巡り、冷え性の改善が期待できます。

・骨が強くなる

骨密度の保持や増加に効果があるので、骨粗鬆症《こつそしょうしょう》の予防に役立ちます。

・糖尿病、脂質異常症の予防になる

筋肉が増えたことで、エネルギーが消費され、糖尿病、脂質異常症の予防・改善に役立ちます。

・持久力、柔軟性、バランス能力が改善される

酸素の循環がよくなることで、多くのエネルギーを生み出すことができ、長時間の激しい運動ができるようになるなど、身体能力が向上します。

・認知症の予防になる

運動で血流がスムーズになるため、脳細胞の働きがよくなります。また、ウォーキングなどの有酸素運動に加えて筋トレを行うと、認知症予防の効果が期待できます。

・不眠が改善される

成長ホルモンが分泌されやすくなるので、不眠がちだったのが、寝つきがよくなる効果が期待できます。また、キツめの筋トレを昼間に行うことで、体が疲れて眠りやすくなります。

・ストレス解消に役立つ

夢中になって体を動かすことで、ストレスを発散できます。

・ダイエット効果がある

筋肉がつくと基礎代謝が上がるので、やせやすく、太りにくい体になります。

・不安の解消に役立つ

エアロビクスや水泳などの有酸素運動に、不安を軽くする効果があることは、以前から言われていました。それに加え、筋トレなどの無酸素運動も不安症の軽減に役立つという研究が、2017年に初めて報告されました。それも、性別、年齢、運動の強さや回数などに関係ないという結果が出たのです（※）。

うつ病にも効果があるということなので、「不安になったら、筋トレ」を試してみても損はないと思います。

ただ、本当にうつ病や不安障害で通院しているような方には、あまり効果が期待できないようです。

ほかにも、健康全般や食生活に気を使うようになったという方が多く、また内臓の働きがよくなったおかげで、ひどい便秘が改善されたという生徒さん、姿勢がよくなったことで、若々しく見られたという生徒さんもいました。

中高年に多い、腰・ひざ・肩の痛み

50歳代で、ひざ痛、肩こりや四十肩・五十肩に悩む人は多いでしょう。むしろ、体

※参考文献：Sports medicine誌 2017 Dec（著者Gordon BR, McDowell CP, Lyons M, Herring MP.）

● 中高年の女性に多い痛み ●

に何の悩みもないという方は少ないかもしれません。

・腰

腰痛の原因として最も多く見られるのは、パソコン作業などで、長時間体によくない姿勢をとり続けることなどから、腰を支える筋肉が疲労し、血液循環が悪くなって起きるもの、あるいは、運動不足で足腰の筋力が低下している場合でしょう。こういう場合、まず健康編トレーニング③「ドッグ&キャットのポーズ」（69ページ参照）で、血流をよくし、こりをほぐすことから始めましょう。

腰痛防止には、健康編トレーニング③のほか、トレーニング④「お尻の筋肉を鍛えるトレーニング」（70ページ参照）と、トレーニング⑧「歩行がラクになる下半身の運動」（78ページ参照）。体全体の血行をよくするには、健康編トレーニング①「体の血流をよくするグーパー」（66ページ参照）もよいでしょう。

・ひざ

中高年の多くがひざ痛に悩んでいますが、それはひざ関節の痛みです。年齢を重ねることで、ひざの軟骨が弱くなり、ひざを支える周囲の筋肉が弱くなるためといわれます。歩くことで、ひざの軟骨には体重がかかりますし、ことに脚の内側の筋肉が弱ってくると、ひざ関節が不安定になることもその原因です。ことに女性は、閉経後に軟骨が弱くなるので、悩む人は多いのです。

ひざ痛の予防には、健康編トレーニング④「お尻の筋肉を鍛えるトレーニング」（70ページ参照）と、トレーニング⑧「歩行がラクになる下半身の運動」（78ページ参照）、トレーニング⑪「ゴリラのスクワット」（84ページ参照）で、お尻の筋肉（大殿筋）と、内ももの筋肉（内転筋）、前太ももの筋肉（大腿四頭筋）を鍛えましょう。

正しい歩き方をするだけでも、**ひざ痛予防**に役立ちます。脚を出したときにひざが伸びていることがいちばん大事です。美容編トレーニング②「太ももから脚上げ」（118ページ参照）の、姿勢をよくする運動も役立ててください。

・肩

肩こりは、筋肉疲労や筋肉が固くなることで起こる症状で、**疲労や姿勢の悪さ、血行不良などが主な原因**といわれます。

肩こりがひどくて、整形外科に行った生徒さんがいましたが、お医者さんからは「肩をなるべく動かさないように」と言われて、守っていたそうです。でも、休んでいても、痛いものは痛い。そこで、どうせ痛いのなら、軽く動かしてみよう、軽くならいかも、とレッスンに来られたのです。そして、痛くない範囲で肩を回す程度の軽い運動をしていたら、肩が動くようになったということもありました。

痛むからといって、**まったく動かさないでいると、そのまま筋肉が固まってしまう危険**があります。もし肩や手の痛みがひどければ、痛い部分を刺激しないような、簡単な運動をしましょう。また、肩こりにならないためには、健康編トレーニング③、⑤、⑥、⑨、⑪など、上肢を鍛える運動がおすすめです。

腕が上がらなくなったり、肩周辺に痛みが出る、いわゆる四十肩・五十肩は、やはり中高年に多い疾患です。髪をセットしたり、服を着替えるときなどに、やりにくくなると、とても不便で厄介ですよね。

四十肩・五十肩は、正式には「肩関節周囲炎」といって、じん帯や筋肉が劣化したこと、急に重たいものを持ち上げるなどで肩の組織を傷つけてしまったことなどから起こります。肩こりとは原因がまったく違います。

四十肩・五十肩の場合、ことに最初の時期は、無理に動かすと肩を痛めてしまうので、**体のほかの部分、足首や腿《もも》を鍛える運動だけ**でもするようにしましょう。

痛みがほとんどなくなってきたら、ラジオ体操や肩関節を回すくらいの簡単な運動で、肩の可動範囲が狭まらないようにすることが大切です。このときも、**痛みが出ない範囲**で行ってください。

四十肩・五十肩の予防には、肩の筋肉をつけ、可動域を広げるような運動を、無理なく続けることです。肩甲骨《けんこうこつ》を意識して動かしましょう。五十肩という名前のせいで、「もう50歳を過ぎたんだから、しょうがない」と、あっさりあきらめることはありません。

どの場合も、**できるだけ元気な時から意識して、重症にならないうちに筋肉をつけ、悪化させないよう**、心がけたいものです。症状が悪化したら、無理をせず、医療機関を受診しましょう。

筋トレは構えなくても、その場でできる

筋トレというと、ジムに通わなくてはいけないのか、専門の器具がないと無理なのかと思いがちですが、そんなことはありません。自宅だと、**好きな時間に好きなだけできる**というメリットがありますし、ジムへ行く時間やお金に余裕がないことだってありますよね。あまり外で人に会いたくないときにも、自宅で**器具も使わずに気軽に筋トレ**をすることができます。

本書に掲載されたトレーニングは、ほとんど一人でできるものですし、場所もほとんどとりません。器具も椅子くらいがあれば十分です。

朝、「おはよー」の運動が一日を変える

寝起きが悪くて、朝、なかなか体が目覚めない人におすすめなのが、健康編トレー

ニング①の「体の血流をよくするグーパー」（66ページ参照）。

体の前、上、横、下に腕を伸ばし、思い切り手のひらを結んで開くグーパー運動は、**両手の指先まで血流を行きわたらせて**くれます。

また、座ってつま先を上下させる、足首をグルグル回す、足指をいっぱいに広げるなどの運動は、下半身の血流に効果的です。


体が目覚めてきたら、朝にふさわしく元気の出る運動をやってみましょう。天に向かって思い切り伸びる健康編トレーニング②「天に向かって大きな声をあげて」（68ページ参照）です。**伸びると同時に大声を出すと、一日を乗り切る元気もわいてきます**。

寝起きでぼんやりしていた心と体を、スッキリ目覚めさせましょう。

「おやすみ」の運動で不眠とサヨナラ

睡眠は、生きていくうえで欠かせない大切な要素なのはもちろんですが、疲労回復のほかにも脂肪燃焼、脳機能のアップ、ストレス緩和、美肌などに大きな効果があります。

寝つきが悪い、途中で目が覚めてしまう、眠りが浅いなど、睡眠障害に悩む人は増えています。睡眠障害の原因はいろいろでしょうが、寝る前には、体のコリをときほぐして、気持ちよくリラックスしたいですよね。

夜には**体がリラックスできるようなストレッチ**、たとえば、健康編トレーニング③の「ドッグ&キャットのポーズ」(69ページ参照)がおすすめです。

気持ちよくストレッチすることで、「カルノシン」というホルモンが分泌されます。またそれによって、心身を緊張させ、興奮状態を導く「交感神経」を抑え、さらに心身をリラックスさせて鎮静状態に導く「副交感神経」を働かせることができます。

こり固まった関節やお腹のコリ、また寝る前の張りつめた神経をほぐす習慣をつければ、自然によい眠りに導かれるでしょう。さらに、**分泌される成長ホルモンが体の修復と再生を促す**ので、眠ったときに睡眠の効果をより高めてくれます。

夜寝る前のきつい運動は、心身ともに興奮するので、逆効果です。

理想的には、一日で体温がいちばん高くなる夕方に筋トレをするといいですね。体の中心部の「深部体温」が下がると同時に眠気がやってくるので、筋トレで上がった体温が、その後下がるのと同調して、自然な眠りが訪れるということになります。

仰向けになって手足を伸ばし、ゆっくり腹式呼吸をするのも、睡眠の効果を上げ、疲労回復にも効果があるので、おすすめです。

筋トレを行ううえでのポイント

（1）筋トレの前に

ケガを防ぐため、ストレッチで体を伸ばしてから筋トレなどの運動をするというのが、これまでの常識でした。でも最近、プロスポーツ界では、ストレッチはケガの予防につながらない、という別の見方がされるようになっています。柔軟性は上がっても筋力が落ち、それがケガにつながるという見方です。

では、なにをしたらいいのかというと、体を動かしながら、関節を回すような動きをする体操、たとえばあの**「ラジオ体操」**なんです。子どもたちのあいだで人気だった**「ようかい体操」**などもいいそうですよ（笑）。

このような体操を、初めから体を激しく動かさず、徐々に大きく動かすようにして行います。そして、それから筋トレを始めるようにしましょう。

（2）タイミングを生かして体脂肪を燃やす

筋トレを活用すれば、よい眠りで体を休め、疲れをとるのにも役立ちますが、体脂肪を燃焼させる効果もあります。しかしそれには、筋トレを行うタイミングとそのほかの運動との組み合わせを考える必要があります。

まず筋トレをすることによって、成長ホルモンが分泌されます。そして、その成長ホルモンが体脂肪を分解します。この分解された体脂肪を燃焼するのに効果があるのが、ウォーキングやジョギングなどの有酸素運動なのです。

ですから、**無酸素運動である筋トレの後に、ウォーキングやジョギングなどの有酸素運動を行う**、この順番で2種類の運動を組み合わせることが、重要です。

また、体脂肪は有酸素運動を始めて、20分ほど経ってから燃え始めるので、最低でも20～30分は、ウォーキングやジョギングを続ける必要があります。

（3）筋トレは2日おきが効果的

さて、これまで筋トレのよい点をあげてきましたが、そんなに体によい筋トレなら、毎日やればやるほど効果が上がるのかというと、そういうわけではありません。

筋肉がつくというのは、筋トレで破壊された筋繊維が、修復されてより太くなるということです。その修復には48時間ほどかかるので、毎日筋トレを続けると、筋繊維が修復されないまま、破壊されるだけになってしまいます。

ですから、**筋肉をつけたいなら2日おきの筋トレが最も効果的**です。無理して毎日がんばらず、休むことが大事なのです。決して、むやみにがんばればいいというわけではありません。意識して、**「勇気をもって休む」**というトレーニングを行うつもりでいてください。

なぜ筋トレを続けるのがいいのか

筋トレが健康にいいということは、間違いありませんが、**途中でやめてしまっては意味がありません**。ないどころか、相当気をつけないと、以前より太るという危険もあるのです。

筋トレを途中でやめたからといって、それに合わせて食事の量を減らすのは案外難しいものです。運動量が落ちるのに、前と同じ量の食事をとっていたら、太るのは当然です。また、**筋肉が落ちるので基礎代謝が落ち、食べた分が脂肪になりやすくなります**。元スポーツ選手が、引退後にびっくりするほど太ってしまったのをご覧になったことがありませんか?

また、筋力が落ちると、体を支えたり、動かす能力も落ちることになり、ケガにつながりやすくなるというデメリットがあります。

筋トレをやり続け、筋肉のある健康的な体になって、またそれを維持するには、**筋**

トレを日々の習慣にしてしまうことが、なによりいちばんです。

筋トレを続ける秘訣は目標を低く設定すること

「えっ、目標が低くていいの？」と思う方もいらっしゃるでしょうが、最初からあまり高い目標を掲げると、どうしても達成が難しくなるものです。

よく年始に、「今年の抱負」を誇らしげに宣言する方がいらっしゃいますが、あれを本当に実現できている人って、たくさんいるのでしょうか。わたしにはどうも疑問です。

年齢を意識しすぎる必要はないですが、若いころと同じような理想的な目標を掲げるのも、ハードルが高い気がします。**極端なことをせず、続けられることをする**——たとえば、それができれば理想的だからといって、腹筋を毎日50回やると決めたとします。あなたは、本当にそれをやり通す自信がありますか？

あまりに完璧で現実離れしたイメージを描くのは、ほんのちょっとのことでもその夢が崩れやすくなり、また崩れたときのダメージが大きいので、危険なのです。たとえば、入浴前に10回とか、起床後に10回とか、イメージしやすい設定をするのが現実的です。

わたしはこれまで、日記とか家計簿などを長いこと続けられたことがなく、自分に根気がないのはよくわかっているので、あまり高望みはしないようにしています。

つまり、目標のハードルを下げるというのは、決して、やる気がないとか、理想が低いということではなく、やめずにやり続ける秘訣なのです。

達成できそうな、ささやかな目標を立て、それをクリアし続けていけば、自信もついてくるので、より簡単にやり続けられるようになると思います。

目標を達成して、「達成感を味わう」というのは、想像されているよりずっと重要なことなのです。

女性にとって変化の多い時期を乗り越える

50代は女性にとって、社会的にも肉体的にも変化の多い年代です。
子どもたちに手がかからなくなり、楽になったと思ったら、なんだか身の置き所がなくなって、いわゆる「空の巣症候群」になってしまう、夫が定年になって生活が変わる、会社での待遇や仕事の変化もあるでしょう。人生の曲がり角にさしかかる時期といえるでしょう。

女性が更年期で悩まされるのも、ちょうどこの年代でしょう。人によって症状が違いますが、ホットフラッシュといって、何でもないときに汗をかく方も多く、ある生徒さんは、一人だけ大汗をかくのが恥ずかしく、それが原因で来られなくなったと聞きました。

いろいろな理由から精神的に不安定になっていると、ちょっとしたことでメンタルをやられることもあるでしょう。**小さな不調をどう克服し、気持ちを切り替えられるかというのは、わたしにとってもも大きな課題**です。

「やった！感」を大切に

そして、そんなときだからこそ、あなただけのための時間と場所をつくってほしいとわたしは思うのです。

筋トレはだれに対しても、その人の居場所をつくってくれます。わたし自身も、それまで不安定な気持ちを抱え、そんな自分をもてあましていたときがありました。でも、筋トレをすることで自分の居場所が見つかった、いてもいいわたしの場所ができたんだと確かに感じることができました。

不安定な状態を克服する手段のひとつとしての、わたしからの提案ですが、たとえば、自分で**「これだけは絶対やり続ける！」という筋トレを、3つくらい決めて**はいかがでしょう。3つくらいというのは、運動が1つだけだと、さすがに「やった！感」がないと思うから。

どんな運動がいいかというと、とりあえず簡単で続けられそうなグーパー運動や、足首を回すなどのシンプルな運動がおすすめです。

〝痛い、苦しい、辛い〟運動は、やり続けるのが難しいので、パス。腹筋もきついので、とりあえずパス。できるときだけやればいいかな、くらいの気楽な気持ちで始めてみてください。

結局、筋トレで健やかな体を手に入れるためには、大げさに言えば、**いろいろな障害を乗り越えて、地道に続ける**しか方法がありません。

やめる理由は、探そうと思えばいくらでも転がっていますし、人間は弱いので、すぐ誘惑に負けてしまいます。自分に甘い、緩い習慣というのは、自分にとって楽ですから、すぐに脳が覚えて、身についた習慣になってしまうものなんです。

何かのきっかけで落ち込むと、誰にも会いたくない、おしゃれにも興味がなくなるし、買い物にも行きたくない、人に見られるのがいやだ、などという気持ちが強くなります。自分の中身が空っぽのように感じて、感情までなくなってしまった気さえします。

そんな〝何もかもどうでもいい〟とまで思い詰めてしまう方は、想像するよりたくさんいらっしゃると、わたしは思います。まず、自分がそうでしたから。ですから、自暴自棄になって落ち込む気持ちは、痛いほどわかります。

家庭が安定していて、気持ちにゆとりがなければやろうという気にもなれない、という人も多いでしょう。また、辛い現実を忘れたいし、落ち込んでばかりもいられないと割り切って、気分転換に始めたいという人もいます。そんなふうに気持ちを切り替えられればいいのですが、トレーニングに通っている途中でも、何かの事情でそれどころではなくなってやめる方も、大勢いらっしゃいます。

負の連鎖を断ち切るために

ですから、そんな方を奮い立たせるためにはどうすればいいのか。

自分自身の経験から言うと、そういう場合、まず食事がいい加減になりますね。お腹も空かない→あるものをなんとなく食べる→そしてそれ以上に、甘いものや脂っぽいスナックやジャンクフードの間食をする→当然太る→ますますどうでもよくなる……。

このような負の連鎖、スパイラルは、誰にでも起こりうることです。でも、きっと変われるチャンスはあるし、誰でも可能性をもっている。もしかしたら、テレビで聞いた誰かのひとことがきっかけで、一瞬で変わる可能性だってあるかもしれないと思うのです。

ずっと家に引き込もっていても、いいことはなにもありません。

勇気がいると思いますが、とりあえずホームウェアを脱いでみる、そしてまず一歩外に出てみる。無理して、友人や知人に会う必要はありません。でも、目や耳からいろいろな刺激が入ってきます。想像もしない出会いやチャンスだってあるかもしれませんよ。

明るく健康に生きるためのスタート！

人間は案外単純な生き物ですから、そんなことが積み重なるだけでも、自信がついてくるものです。そうしたら、**このがんばりはどこかで認められる、と信じてやり続ける**こと。

やり続けることができれば、それこそしめたもの！です。周りの言葉も励みになって、筋トレが習慣になっていきます。

まず簡単なことから始め、やり続けていけば、体は絶対変わっていきます。**筋トレは決して裏切りません！**

50歳からの美しさを一緒に考えましょう（美容編）

トレーニング①

難易度 ★☆☆☆☆

姿勢をよくするポーズ

いつまでも若々しく見られるポイントは姿勢です。背中がまっすぐに伸び、お腹、お尻、わきが引き締まった体になるために体幹の筋肉を鍛えましょう。

運動のめやす 決まった回数はなく、気が向いたら鏡の前で「はい、ポーズ」。

❶ 背中をまっすぐに

悪い例

背中が丸い

●背中が丸いと老けて見える

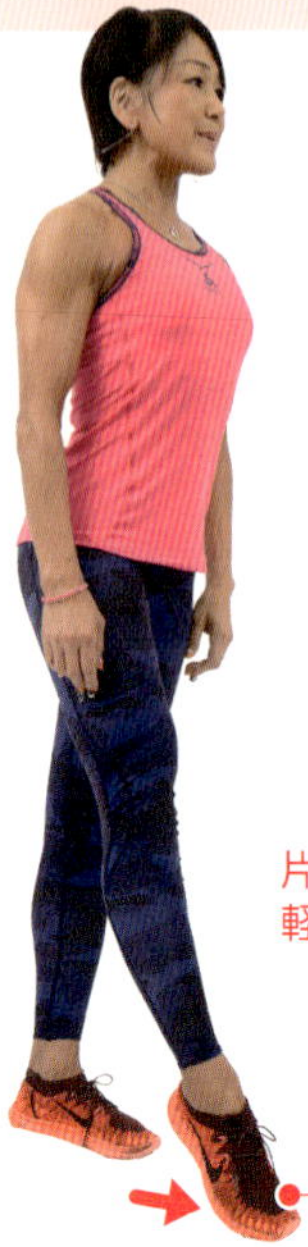
片足を
軽く前へ

❷ 胸を張って呼吸をしっかり

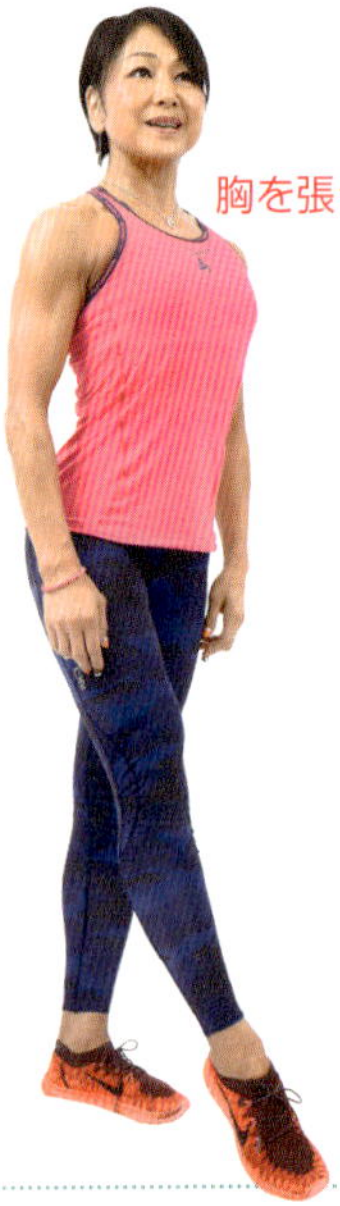
胸を張って

悪い例

顔を上げて

●顔が下に向いていると老けて見える

❶ 体を横に向けて

背中を
伸ばしたまま

❷ 首も横に向けて

❸ 肩を意識して

肩を意識

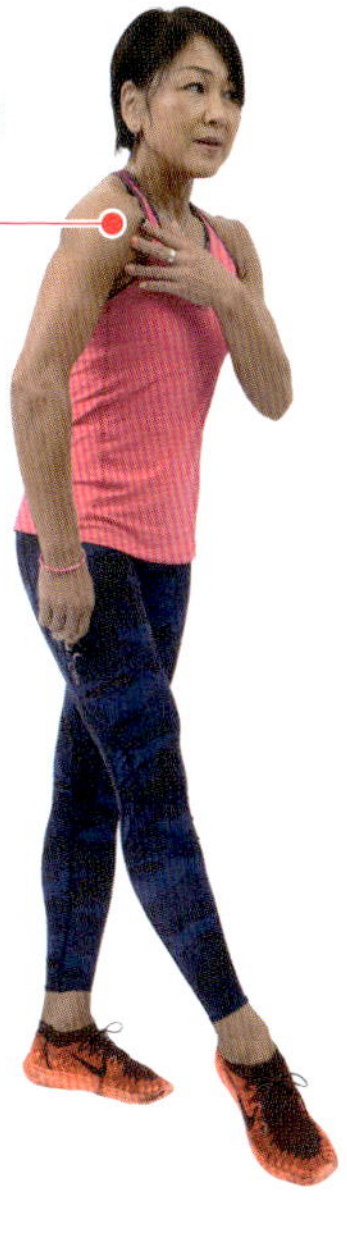

❹ 肩を反らして大きく胸を張る

背筋を伸ばして

❶ 正面に向いて足を上げる

❷ ヒップを上げる

❶ 反対の足を前に

❷ 体をひねる

❶ 腰から脚を上げる

❷ 脚を元に戻す

❸ ヒップを上げる

トレーニング②
難易度 ★★☆☆☆

太ももから脚上げ

姿勢をよくするために股関節を柔らかくする運動です。脚の付け根から太ももを上げるイメージです。背中がまっすぐ伸びているか意識しましょう。

運動のめやす 簡単な運動なので朝晩、両足10回ずつ行いましょう。

❶ 片足を斜め前に出す

❷ 股関節から太ももを上げる

❸ 反対側の足も

つま先を伸ばして
背中を伸ばして
つま先を伸ばして

トレーニング③

難易度★

体をひねってウエストシェイプ

気になるウエストをシェイプする運動です。「体調不良を改善する筋トレ」の「チャンピオンになったつもりで」と似ていますが、こちらはウエストのひねりを意識した体操です。

運動のめやす 朝晩、10回ずつ習慣化することをおすすめします。

❶ チャンピオンになったつもりで

両腕が水平に
なるように

❷ 右腕を前に体をひねる

ウエストのひねりを
意識して

ウエストを
反対にひねる

❸ 反対側にひねる

トレーニング④

難易度★★★★☆

肩の動きをよくする運動

肩の動きをよくするとともに、体のひねりで腹部のシェイプアップに役立ちます。ひねったとき十分に肩を入れるのがポイントで、体を柔らかくするストレッチにもなります。

運動のめやす はじめは難しく感じます。慣れたら左右10回ずつ行いましょう。

❶ 曲げたひざの上に手を置く

❷ 背中を伸ばしたまま体をひねる

❸ 肩を入れながら体をひねる

❹ 十分に肩を入れる

❺ 反対の肩も同様に

トレーニング⑤

難易度 ★★★☆☆

首をきれいにするトレーニング

年齢は首に現れるといいます。肉のたるみや二重あごを防ぐために、首周囲筋のなかでも最も太くて重要な胸《きょう》鎖《さ》乳《にゅう》突《とつ》筋《きん》を鍛えましょう。呼吸を意識して行います。

運動のめやす ゆっくり息を吐きながら首を反らせます。左右10回程度をめやすに。

❶ 首周囲筋を両手で確認

❷ あごの下に手を置く

胸鎖乳突筋は
ここ

軽く足を
開いて
まっすぐ立つ

ひじを
支える

❸ もう一方の手のひらで
ひじを支える

❹ 息を吸いながら首を後ろに押していく

❺ 反対の手であごを押す

❻ 首の周囲筋が十分に伸びるように

トレーニング⑥

難易度 ★★★☆☆

振り子で腹筋

パートナーと行うトレーニングです。腹筋と太ももを鍛え、下半身を引き締めます。ただし、腰痛のある人は避けたほうが安全です。

運動のめやす 意外にハードなので少ない回数からはじめ、10回程度をめやすに。

❶ パートナーにつま先を押さえてもらう

❷ パートナーに思いきり足を投げてもらう

❸ 床に着かないようにして足を元の位置に戻す

少し休んで

❹ 今度は横に投げてもらう

床に着かないうちに
元の位置へ

❺ 反対側に投げてもらう

ひざは曲げない
しっかり足を握って

トレーニング⑦

難易度 ★★☆☆☆

お皿を使った簡単トレーニング

ペットボトルやお皿、すりこぎ、ボールなど家庭にあるものを使って行うと変化が楽しめます。お皿を使った簡単なトレーニングを紹介します。

運動のめやす 10回程度をめやすに楽しみましょう。

1 ドライブ・ポーズ

❶ お皿をハンドルに見立てて

両足を軽く開いて

❷ 右へカーブのイメージ

まっすぐ
両手を伸ばす

❸ 左へカーブのイメージ

両手は
伸ばしたまま

スポーツジムで行うときは

ウエイトを
使う

2 体の前で押し出し

❶ お皿を両手で抱える

胸の前で

❷ 思い切り前に突き出す

背筋を伸ばして

悪い例

肩が落ちている

●背中が丸いと
老けて見える

3 ウエイトレス

❶ 両手で２枚の皿を持つ

皿は水平にする

❷ 前腕を開いていく

ひじは体につけたまま

皿は水平をキープ

❸ 前腕を閉じる

トレーニング⑧

難易度 ★☆☆☆☆

腕のたるみをシェイプアップ

半袖になると気になる上腕のたるみ。冬の間からケアしておくと、夏が来ても自信がもてます。リズミカルな音楽をかけて行うと自然に体が動きます。

運動のめやす 回数より曲が終わるまで続けると、ある程度の運動量になります。

❶ 両手を水平に広げる

まっすぐに伸ばす

水平をキープ

❷ 右腕は前にひねり、左腕は後ろにひねる

常に上腕を
意識して

❸ 反対に両手をひねる

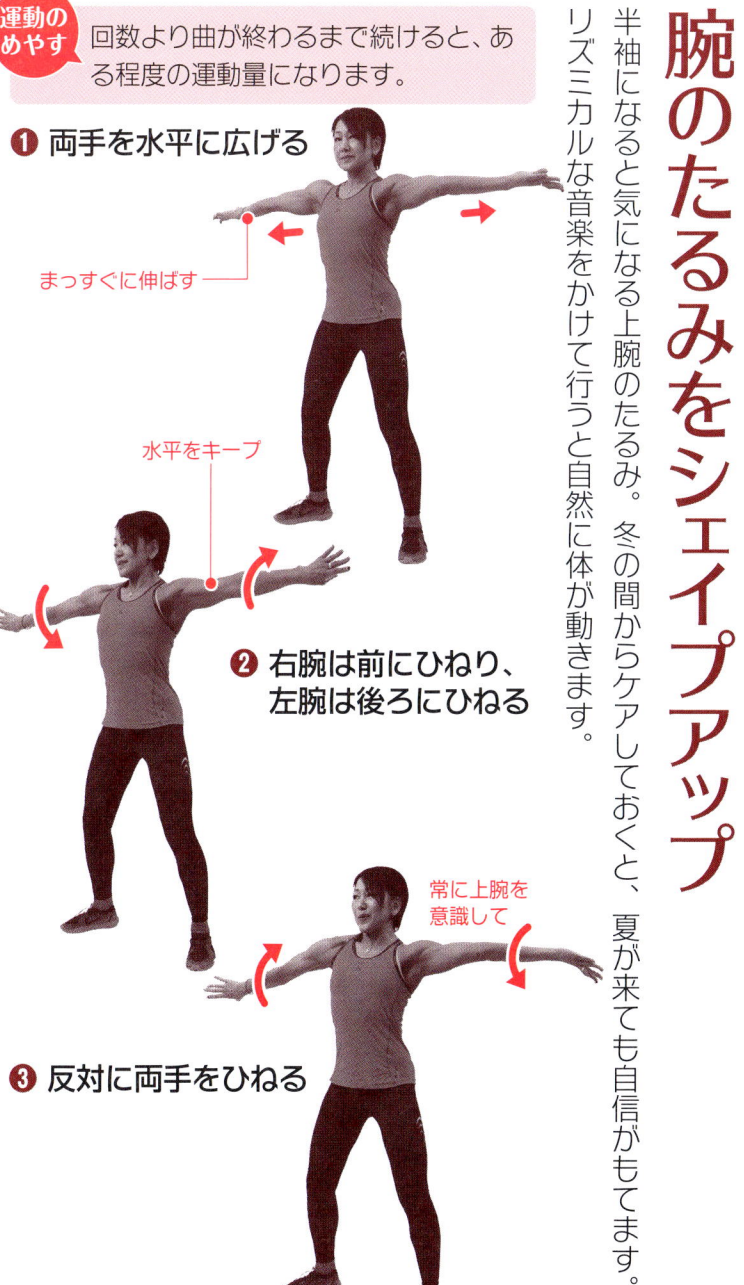

トレーニング⑨

難易度★★★★★

ヒップ・アップ・トレーニング

四つん這いになって、片足を上げるトレーニング。お尻のシェイプアップに役立ちます。足の裏で天井を蹴り上げるイメージで蹴り上げるのが、この運動のポイントです。

運動のめやす　朝晩、片足10回がめやす。蹴り上げるとき周囲に注意を。

❶ 四つん這いになる

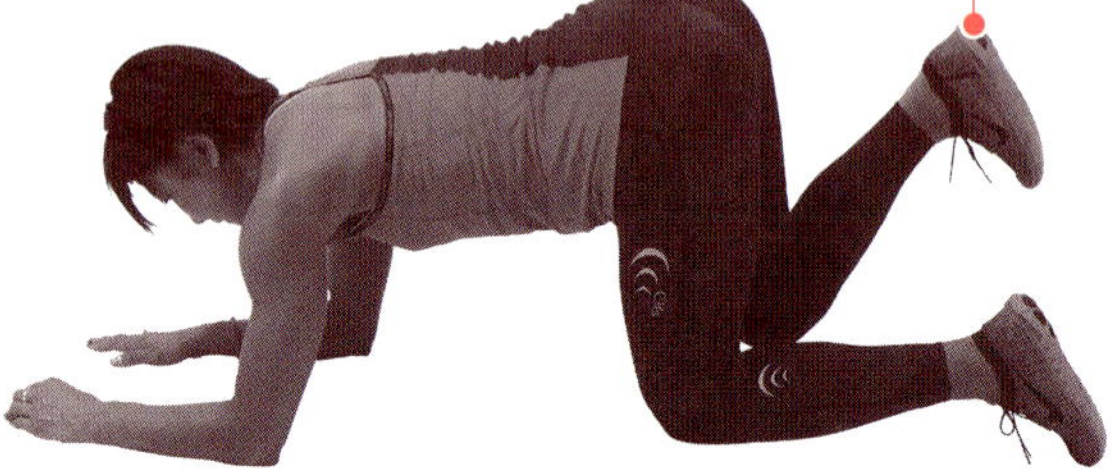

❷ ひざを曲げたまま足を上げる

❸ 上げた足を蹴るように伸ばす

❹ 反対の足も同様に

❺ 反対の足を蹴り上げる

美しさを保つのに筋トレは効果がある

この章では、美しさを保つ筋トレを何種類か紹介しました。

女性は、いくつになっても「若く見えますね」という言葉に弱いものです。キラキラ輝くダイヤモンドをもらったようにうれしくなります。

50歳を過ぎても30代ではないかしらと若々しく見える人もいますし、逆に年齢よりも老けて見える人もいます。若いころは、年齢よりも少し年上に言われると「落ち着いて見えるのかしら」とも解釈でき、１００％悲しい気持ちになることはありませんでした。しかし、50歳近くになって「落ち着いて見えるわね」と言われたら「年齢よりおばあさんに見えたのかしら」と、しばらく落ち込んでしまうのではないでしょうか。

そんな老け込んだ女性に見られたらいやですよね。

老け込んで見える原因は、姿勢のよしあしにあります。人は年齢を重ねると体幹や四肢の筋肉が衰え、猫背になったり、腰が曲がってきたり、顔が下向きになったりします。意識しないと、背中が丸くなり「老けて」見えてしまうのです。

そこで、背中が丸くならないように背中や腰、大腿などの筋肉を鍛えることがとても重要です。さらに、よい姿勢を保持することが、実は筋力を鍛える有効な筋トレになっていることはご存知でしたか？　この章の美容編トレーニング①「姿勢をよくするポーズ」（114ページ参照）で、背中がまっすぐ伸びた若々しいポージングを最初に紹介しているのも、**「姿勢をよくする」ことが「若々しい体づくり」にもっとも早道**であるからです。

では、この章では、よい姿勢を保つために、さらにいうと、「年齢よりも若く見える」ために、どんな工夫をすればよいか、筋トレの効果とあわせて紹介していきましょう。

メリハリのある体形が美しい

何もしないでいるときに消費するエネルギー、呼吸や体温の保持など生きるために使われる最低限のエネルギーを、**基礎代謝**といいます。

16歳をピークに、この基礎代謝は低下し、年齢を重ねるごとに必要なエネルギーは少なくてよくなります。

若いときと同じ生活をしているのに、やせにくくなったり、同じような食生活をしているのに太りやすくなるのは、**基礎代謝が落ちたことが大きな原因**といえます。

しかし筋トレをして筋肉が増えるとエネルギーの消費量が増え、**基礎代謝が上がるので、脂肪がつきにくく、太りにくくなり**ます。しかも、筋肉がつくと、お肌に張りが出てきます。そして姿勢もすっきりときれいになり、メリハリのあるボディラインになるのです。

そんな健康な体がいちばん美しいと、わたしは思います。

筋トレで美肌と美髪に

筋トレには、ボディラインがしまって美しくなること以外に、お肌や髪にも大きなメリットがあります。

筋トレで筋肉がつくと、**血行やリンパの流れもよくなるので、むくみが解消**されます。また血行がよいために、お肌も**健康的なピンク色**になります。これだけでも、ずっと若々しく見えます。

また筋肉がつくと、**コラーゲンや成長ホルモン**が分泌されます。コラーゲンは髪の毛のツヤをよくし、骨や内臓の調子を整えることにも役立ちます。

そして成長ホルモンは、筋肉や骨の萎縮を防ぐ、体脂肪の増加を抑えるなどの作用があります。別名**「若返りホルモン」**とも呼ばれるこのホルモンは、筋トレと睡眠で多く分泌されますが、美容にも大切な働きをしてくれることがわかっています。

成長ホルモンの働き

(1) お肌の保水力やハリを高める

加齢や睡眠不足、ストレスなどで老化した肌細胞は、細胞自体に元気がなくなり、保水力が落ちてきます。成長ホルモンは、眠っている間にこれらの**肌細胞を修復**してくれるのです。

(2) お肌のターンオーバーを促進する

28日周期でお肌が生まれ変わるのを**お肌のターンオーバー**といいますが、年齢などによって、ターンオーバーが乱れると、剥がれ落ちるはずの角質が残って、①肌が乾燥する ②ニキビ（吹き出物）ができやすくなる ③透明感が失われる ④表面がごわついて厚くなる ⑤毛穴が開く ⑥ハリや弾力が失われるなどが起こり、しわやしみ、くすみ、たるみなどの原因になります。

ターンオーバーが促進されることで、美肌効果が高まり、生き生きした若々しい肌に生まれ変わるのです。

（3）　お肌のダメージを修復する

紫外線やほこりなどの外敵にさらされ、さらにストレスなどのダメージで傷んだお肌を修復するよう働きます。

（4）　脂肪の分解

脂肪の分解は、成長ホルモンの働きの中でも強力な作用があることがわかってきました。また分泌されてから効果が5時間余りも持続するのです。

ほかにも筋トレで美容に役立つことはたくさんあります。

筋トレでストレスが減り、明るい表情に

人間関係や家庭・仕事の悩みからストレスを抱えていると、気持ちが暗く、お肌に吹き出物ができるなど、調子が悪くなりがちですね。

わたしはそういうとき、**いつもより少し重めの負荷をかけた筋トレ**をします。すると、いやでも集中して一生懸命になるので、**くよくよ考えている余裕はなくなり、いつのまにか悩みもどこかへ吹っ飛んで**います。

悩みを抱えていた生徒さんも、筋トレを続けているうちに、丸くなっていた背中がすっきりと伸び、くすみがちだったお肌の色も明るくなって、驚くほど表情も豊かになっていますよ。

体重より見た目が大事！

体重を気にしすぎるのは、わたしはあまりいいことではないと思います。ストレスが溜まりますし、自分に合っているかどうかもわからない理想の体重にしばられるのは、辛いことだからです。

一日の中でも体重は少しずつ変わります。食事をした後、トイレに行った後では500gや1kg違うのは当たり前ですから、もしどうしても体重測定でコントロールしたいなら、測るタイミングにも注意して、毎日同じ条件での測定が望ましいですね。

でも**体重はあくまでもめやす**なので、数字に一喜一憂する必要なんてないのです。わたしたちは体重を書いたゼッケンをつけているわけではないので、他人にはあなたの体重のことなんてわかりません。大切なのは、**あなたの見た目**だけです。

筋トレで筋肉がついても、筋肉は脂肪より重いので体重自体は減らず、かえって増えたりもします。でも、筋肉がつけば、**見た目がグッとしまって、メリハリのついたかっこいい体**になるのです。体重の数字を気にして、自己嫌悪になる必要なんてありません。

体がしまって見えるポイント

・スマートに写るコツ

少しでもスタイルよく写真に写るには、ちょっとしたコツがあります。それはカメラに向かって立ったとき、**上半身をねじる**こと。
ウエストがより細く見え、メリハリがつきます。顔は正面を向いてくださいね。

・洋服を着こなす

どんな体形にも合う、誰にでも似合う洋服なんてありませんよね。その人の体形の特徴によって様々です。でも、筋肉を鍛えることによって今までは着られないと思っていた服も、意外と素敵に着こなせるようになるものです。

和服には、なで肩がいいといわれますが、洋服は何といっても肩がしっかりと主張しているほうが形よく装えます。かつて、大きな肩パッドを入れた角ばったスーツを着た女性が街をさっそうと歩いていた時代がありました。そうです、背筋をピンと伸ばして歩く姿は実に素敵です。いきいきして見えます。

時が移り、今ではそういったファッションがあまり見られなくなりましたが、肩パッドなど入れなくても**肩や二の腕の筋肉を鍛えることによって、ジャケットなどもかっこよく着こなせる**ようになります。美容編トレーニング⑧「腕のたるみをシェイプアップ」（129ページ参照）で上腕三頭筋（二の腕の裏側の筋肉）や上腕二頭筋（二の腕の前側の筋肉）を鍛えましょう。二の腕が引き締まってきたら思いきってノースリーブにも挑戦してみるのもよいですね。

腕が太いからフレンチスリーブを……。これは反対なんです。実は中途半端に腕を隠すよりも、しっかり出したほうがスッキリ見えるのですよ。

美容編トレーニング③「体をひねってウエストシェイプ」（119ページ参照）でウエストをシェイプし、トレーニング⑥「振り子で腹筋」（124ページ参照）で腹筋を鍛え、トレーニング⑨「ヒップ・アップ・トレーニング」（130ページ参照）でヒップアップに挑戦。これで憧れのボトムもスッキリと着こなせることでしょう。最近流行のスカンツやガウチョパンツなど色々なファッションに挑戦してみてください。もうあなたは、「しまって見える」のではなく「しまっている」のです。

まっすぐな姿勢が若々しく見せる秘訣

背筋《せすじ》が伸びた姿勢でさっそうと歩く人は若々しく見え、周りの人の気持ちまで明るくなります。歩く姿勢は、その人の印象に大きく影響します。

外出したとき、街を行く人を観察してみてください。背筋がすっと伸びて堂々と歩く人は、心なしか顔つきも明るいし、下を向いて小股で歩く人より、ずっと若々しく見えるはずです。背筋を伸ばそうとするだけでも、背筋《はいきん》や腹筋などの筋肉を使いますし、他人から見た印象も変わるものです。

①背中が丸まっていませんか？

背筋を伸ばすときは、**体の中にまっすぐ通った針金を、頭のてっぺんで上から引っ張り上げられるような意識を持つ**こと。これで、背筋がすっと伸びます。

● 姿勢をよくするポイント ●

頭の上から針金で引っ張られているイメージを持って

胸郭を上げて肩を後ろに引くイメージを持って

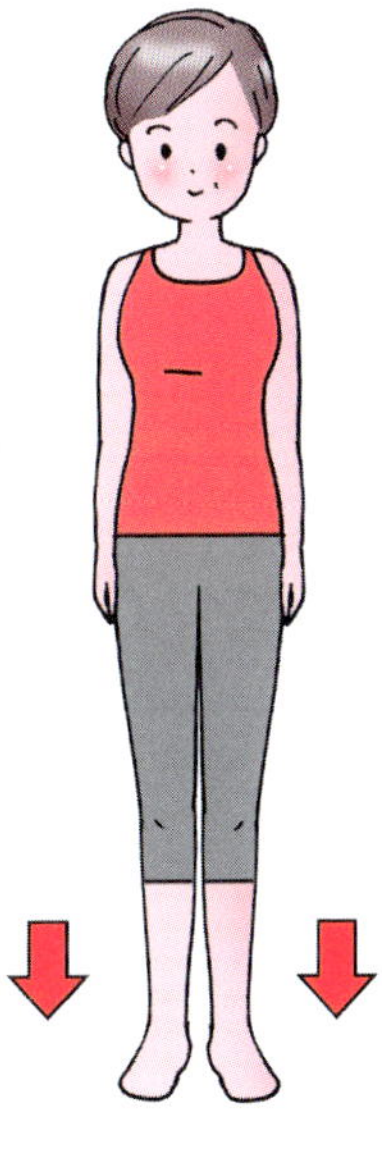

両足に等しく体重をかける

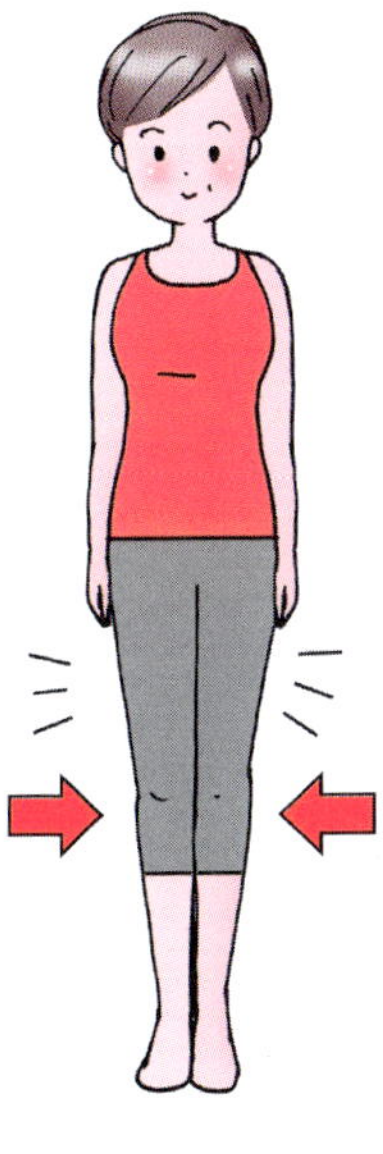

ひざを閉じて太ももの内転筋を鍛える

②肩が丸まっていませんか？

胸郭を上げることも重要です。胸を前にぐっと突き出し、反《そ》った背中を緩めます。

そのとき気をつけたいのは、**腹筋、背筋《はいきん》両方のバランスをとる**こと。胸やお腹が前に突き出されても、背中が曲がってもいけません。どちらかが強くなりすぎると、腰を痛める危険があります。

③肩が前に落ちていませんか？

肩が前に来る人、いわゆる〝前肩〟のくせがついている人も多いので、意識して**肩を自然に後ろに引く**こと。

④信号待ちなどで立っているとき、片足に体重をかけていませんか？ また座ったときに思わず足を組むことはありませんか？

こういうときは、大体いつも同じ足に体重をかけたり、組んだりしているものです。体のゆがみの原因にもなるので、気がついたときに、いつも使わないもう片方の足に体重をかけ、組むようにしてみましょう。でも、足はなるべく組まないほうがスマートです。

⑤パンツをはいたとき、油断してひざを開いて座ってはいませんか？

足を閉じるときに使われる太ももの内転筋は、立ったり、座ったり、歩いたりするときに骨盤を安定させ、姿勢をよくするだけでなく、動きをしなやかにする働きがあります。体勢の安定にも役立つので、しっかり足を閉じましょう。**内転筋を鍛えれば疲れにくくなる**ともいわれます。

⑥ショルダーバッグを、いつも同じほうの肩にかけてはいませんか？

無意識にやっているこんなくせも、体をゆがませる原因になっているかもしれません。

一度きちんとした姿勢を体に覚えさせれば、忘れていても、必ず思い出せます。そして、思い出すタイミングが早くなればなるほど、**いい姿勢が日常の習慣になっていく**のです。

わたしの生徒さんで、電車に乗っているときなどにハッと気づいて足を組みなおしたり、両足で踏ん張って立つようになってきたという人もいます。

たとえば猫背を治したい人も、**自分の姿勢に意識を向け、思い出した時点で背筋を伸ばすように**していれば、姿勢もよくなり、そのときは同時に、心も少し前向きになっていることに気づくかもしれません。

自信が持てれば素敵になれる

日常生活でちょっとした注意をするだけでも、より素敵でかっこいい体に近づける方法があります。

たとえば、みなさん、楽だからとゴムの入ったスカートやパンツばかりはいていませんか？　おうちでのホームウェアは別として、**外出時にはウエストがゴムのスカートやパンツはやめ**ましょう。ウエストがゆるいと、まだ大丈夫だとつい食べ過ぎてしまいますし、姿勢も気持ちもゆるみがちになります。

きっかけは、「『健康診断』前に少しでもやせたい」でも、「久しぶりの『クラス会』に少しでもきれいになっていたい」でも、何でもいいのです。生徒さんの中には、「同窓会」前に駆け込んでくる方もいらっしゃいますよ。

「あの人、老けたわね」なんて思われたくない気持ちは、誰だってもっています。何かをきっかけに、自信を取り戻して、素敵な自分（自分でそう思えればいいのです）になってみませんか。

人にも会わないし、面倒くさいからこれでいいやと、気合の入らない服のままで出かけたら、知人にバッタリ会って恥ずかしかった、なんてことだってあるかもしれません。

他人の視線を意識するか、しないかというのは、案外大きな違いなのです。女性芸能人で、以前はそれほどと思わなかった人が、テレビに出ているうちにどんどんきれいになっていったなんてことはありませんか？　人の目をいつも意識していると、自然に気を使うようになり、きれいになっていくのは事実なんだと思います。

どうせなら、「いつもよりかっこよくキメて出かけよう」と気合を入れると、外出も楽しくなります。きちんとした格好をし、**「なんでも来い！」**という気持ちで出かけていくと、自信を持って堂々としていられますし、**背筋もスッと伸びて、スタイルがよくなります。それだけで若々しく見える**のです。

つい気を抜いて出かけてしまうと、自信がないので、背中が丸く猫背がちになり、目線もつい下を向いて、おどおどしているように見えます。堂々としているときより、数年は老けて見えるはずです。

わたしの周りでも、人と会う約束がなく、家に閉じこもっている人は、やっぱり老けていきます。もしそんな機会がないというなら、**自分から機会を作ればいい**のです。

日常のちょっとした心がけで、スタイルも変わるものです。外出するときには、どうせなら、自分でも**「かっこいいぞ」と思って出かけたい**ものです。

「男は敷居をまたげば7人の敵あり」ということわざがありますが、女性だって気を抜くわけにはいきません。何より自分のために。

ユーミンの歌にも、「別れた男に町でばったり会ったら、そんなときに限って、安いサンダルをはいていた」というような歌詞があります。大げさに聞こえますが、外に一歩出たら、**ある意味「戦場」**と思ってください。

筋トレでこんなに変わる!?

それでは、ちょっとしたアドバイスで見違えるように姿勢がよくなり、美しくなった女性の例をご紹介しましょう。

大会に出るためのレッスンをしてほしいと言ってきた生徒さんがいました。

60代のその方はとても恥ずかしがり屋さんのようで、わたしの前でさえ、はっきり前を見られないくらいで、これではとても大会に出場して大勢の前に立てないと思いました。

そこで、堂々と歩くために、「目でなく〝**鼻でものを見る**〟感じにしてみて」と、アドバイスしたんです。そうすれば、どうしても鼻が上を向いて、同時にやや、あごが上がります。ツンとした印象にはなりますが、おどおどした感じは払拭されるのではないか、と思ったのです。容姿を意識することで、気持ちも連動して堂々と歩けるのではないかと考えたのです。

そうしたら、たった1時間のレッスンで、姿勢もよくなり、前を見る目もキラキラしてきて、とてもかっこよくなったんです。人生でもう一回挑戦してみたいと舞台に上がる決心をした方ですが、人間、**意識することでこんなにも変わるのか**と、わたしも驚いたくらいでした。

またあるとき、はじめてそれほど間もない生徒さんが服を見ていたら、店員さんに

「何かスポーツをやっていらっしゃるんですか？」と聞かれた、という話をしてくれたことがあります。

彼女の腕を見てそう思ったらしいのですが、その生徒さんがとてもうれしそうだったのが印象的でした。**自分ではわからなくても、他人は目を止める**のでしょうし、そんなふうに言われたら、うれしくてますますやる気が出ますよね。

ニューヨークで、街を歩く60歳以上の、人によっては90歳くらいのおしゃれな人たちを写したカメラマンがいました。その写真集には、年齢なりにしわはあっても、自分なりのおしゃれを楽しんでいる方たちがたくさん写っていました。

ヘアスタイルを整えてつけまつ毛をして、みなさんものすごく個性的で、めいっぱい人生を楽しんでいる姿が印象的でした。

たとえ年齢が高くても、こんなに人生を楽しんでいいんだと、勇気をもらったような気がしました。

どうか、「わたしはもう60歳も近いし、どうでもいいわ」なんて思わないでください。

年齢は単なる数字です。年齢に関係なく、だれもがそれぞれの美しさを生かして、これからも楽しく生きていけたらいいですね。

さらに筋トレで健やかな体がつくれれば、鬼に金棒ですよ。

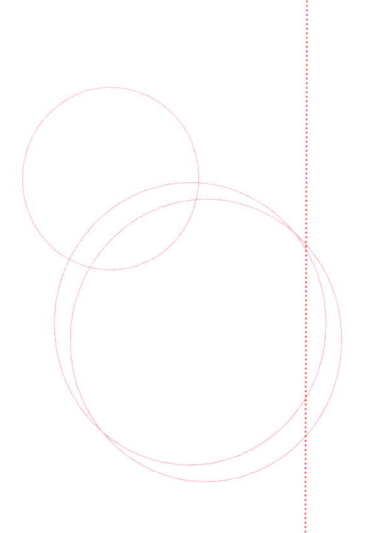

第5章

筋トレとダイエットについて一緒に考えましょう

太らない体質づくりのために

好きなものを満足するまで食べたい、でも太りたくない、できればやせたい……と、願う人は多いでしょう。

でも、いくら食べても太らない大食いタレントさんのような体質でも持っていない限り、これはとうてい無理な話です。

好きなだけ食べたら、確実に太ってしまうわたしたちのような普通人が、無理なく、かつ健康的にやせる（メリハリのついた、引きしまった体になるのが本来の理想ですが、ここではあえて〝やせる〟という表現を使いました）方法をお話ししましょう。

簡単にいえば、**太りにくく、やせやすい体質をつくる**ということです。体質を変えられれば、その後もそれほど辛いダイエット生活を続けなくてもよくなるわけですが、それは、それほどむずかしいことではないのです。

運動には、軽い負荷から中程度の負荷を長時間行う**有酸素運動**（ウォーキングやジョギング、水泳、エアロビクスなど）と、大きめの負荷を短時間にかける**無酸素運動**（筋トレや短距離走、ウエイトリフティングなど）があります。

両方ともそれぞれに重要ですが、ダイエットを考えた場合、**負荷の軽い有酸素運動だけだと相当な運動量をこなさなければならなくなるので、これだけで「やせる」というのは、なかなか難しい**でしょう。

そこで、筋トレです。

筋トレで筋肉をつけると、**筋肉によって基礎代謝が上がり**、何もしないときにも消費されるエネルギーを上げることができるようになる、つまり**太りにくく、やせやすい体をつくることができる**のです。ダイエットをしたいなら、筋トレを抜きにして、食事療法だけでやせようとするのは、おすすめしません。

筋肉をつけることを考えずに、健康的にやせるというのは、まず不可能といってもいいくらいです。

ダイエットで大切なのは、食べる内容とタイミング

いっそ食欲がなければこんなに苦しむこともないのに、と思ったりもしますが、実際に食欲がなくなると、ほんとうに困ったことになります。

知人のお嬢さんで、まったく食欲がなく、水分を摂るのもやっとの方がいました。ガリガリにやせてしまって、美しいどころではなく、さらに食べる楽しみがないわけですから、ほんとうにお気の毒でした。

これと反対に、トレーニングのあとお腹が空いて「自分へのご褒美」として、ついケーキを2個食べてしまう、夕食後のアイスもやめられないという生徒さんがいました。

食欲は健康のバロメーターでもあり、生きていくうえで大事なものです。

筋トレは長く続けてほしいので、我慢するというマイナス思考ではなく、トレーニ

ングをしたから食べてもいいよ、というプラス思考が大事です。しかし、アイスクリームくらいは許される範囲だと思いますが、この人の場合は、がんばりに対してのご褒美がちょっと多すぎるようです。

とはいっても、甘いケーキやおいしいパンなど、好きなものを全部我慢しているのでは、人生楽しくないですよね。こんなときには、タイミングを賢く利用しましょう。御存じの方も多いと思いますが、夜寝る前に食べると、体内に脂肪が蓄えられやすくなるので、できれば夜の食事は10時までに済ませ、そのあとはお腹に何も入れないようにするのがダイエットの鉄則です。

ですから、**夜食べてはいけないなら、朝食べればいい**のです。

わたしは食いしん坊で、ステーキなら500グラムでも軽くいけますし、パンもアイスも大好きで、放っておけば、ケーキなどは7個くらい平気で食べてしまいます。人前ではやらないようにしていますけど。

こんなに食欲旺盛なものですから、夜だって無性に甘いものが食べたくなるときもあります。もしどうしても食べたくなったら、その夜は何とか我慢して、早く寝てしまい、朝の5時に起きて、おやつを食べることにしています。

翌朝に食べられるとわかっていれば、それを楽しみに寝られますし、寝るときも、**「自分に勝った感」を味わえるので、我慢もしやすく**なります。

また、「夜に食べてしまった！　わたしってダメだ」と自己嫌悪にもならず、罪悪感も感じないですみます。

そして朝になれば「ああ、昨日我慢してよかった」と、**ひけめを感じずにゆっくりと味わって、おいしく食べられる**ので、朝から満足感いっぱいです。

ダイエットの落とし穴

多くの人がダイエットをするときに、陥りがちな問題があります。

（1）　ただただ、食べる量を減らす

体の維持に必要なエネルギーが足りなくなるので、体が生きるための飢餓モードに入ります。すると脂肪だけでなく筋肉も減っていくので、健康な体が保てなくなります。これでは元も子もありません。

(2)　○○だけダイエット

リンゴだけ、肉だけというように、ひとつのものだけ食べる極端な食事療法。このようなダイエットが流行ったこともありますが、体に必要な栄養（特にたんぱく質）を摂らないと、健康な体を保てません。単調な味にも飽きてしまいますし、何よりエネルギーが足りず、ふらふらするうえ、思考力も落ちてしまいます。

知り合いに、フルーツだけ食べていた人がいました。髪や爪、臓器、皮膚、血液、そして筋肉など、人間の体はたんぱく質によってつくられます。たんぱく質を摂らないと体重は落ちるかもしれませんが、筋肉もつくられず、基礎代謝が落ち、食べていないのにもかかわらず、やせなくなります。カロリーを大量に消費してくれる筋肉まで落ちてしまっては、ダイエットも失敗といえるでしょう。

それだけでは終わらず、体も健康とはいえないうえ、髪もパサパサ、皮膚にもハリがなくなるわけです。美しくなるために始めたダイエットなのに、これでは本末転倒です。

ダイエットにも、そして**健康にも必要不可欠なたんぱく質**は、大豆や魚、肉、卵、牛乳、乳製品からバランスよく摂るようにしましょう。

今、「えっ、肉もいいの?」と思った人は、いませんか?

肉には、炭水化物をエネルギーに変えるときに必要なビタミンB1が多く含まれているので、**むしろダイエットに向いて**います。積極的に摂ることをおすすめします。ダイエットに向いていないのは肉ではなく、カロリーの高い脂です。

鶏の皮（おいしいですけどね）、牛肉や豚肉の脂身（これもおいしいですよね）などを避け、豚ならもも肉、鶏肉ならささみを選べばいいといわれています。でもこれも、「絶対に守らなくては！」と、必死になるのも良し悪しです。あまりストイックにならないようにしてくださいね。

筋トレダイエットではここに注意

これまで筋トレの経験がない方に多いケースですが、筋トレダイエットを始めてしばらくは、筋トレによるカロリーの消費で体重が減りますが、やがてピタッと止まる時期が来ます。

それは筋トレでついた筋肉は、脂肪の1・2倍重いため、**体脂肪が減っても体重は**

減らず、むしろ増えてしまうというのがその理由です。ですから、体重の数字にこだわらないでください。あなたの見た目は、以前より引きしまり、メリハリのついた体になっているはずです。筋トレをしながらダイエットしたときの体重の停滞は、あまり気にする必要はありません。

また、大会を目指しているわけでもないのに、ずっとダイエットをしてストイックな生活を続け、「やせないとダメ!」と思い込んでいる人をよく見かけます。

一度思い込んでしまって洗脳されると、自分ではコントロールできなくなってしまうのでしょう。**ダイエットのし過ぎで健康を損なわないよう、気をつけてほしい**と思います。

なんでも極端に行うと健康を損なう恐れがあります。**いろいろな種類の食品を少しずつ摂るようなきちんとした食事が絶対必要ですし、さらに体を動かす生活が理想と**わたしは思っています。

ダイエットの大敵・ストレスがリバウンドへ

わたしたちは、健康に悪いほど太りたくないのはもちろん、できればかっこよく服を着こなしたいと思いますよね。ということは、食欲に負けて好き放題に食べまくるというわけにはいきません。

しかし、空腹を我慢するのはとても辛いものです。経験のある方も多いのではないでしょうか。自分を律してコントロールしようとしても、人生でかなりの長い期間をコントロールし続けるなんて、無理ですよね。無理をしたらストレスが溜まるだけです。

よくテレビの企画などで、「3カ月でやせる」などというのがありますが、医師の指導を受けたうえで合宿でもしない限り、ふつう程度の忍耐力の人間（わたしも含めて）には、とても無理だと思います。

そして、無理なダイエットを続けようとすると、いつかは**我慢できずに食欲が爆発してドカ喰いをしてしまい、ダイエット前より太ってしまう。これが、恐ろしいリバウンド**です。

そして、一度リバウンドすると、体が脂肪を蓄えた状態を覚えてしまっているので、くせがついて、やせにくく、リバウンドしやすい体質になってしまいます。そして何度もダイエットとリバウンドをくり返すことになって、健康的にやせることが難しくなってきます。

一時的にやせたとしても、意味はないのです。

ストレスを受けると、がんや脳梗塞や心筋梗塞の発症率が上がり、認知症も起こりやすくなるといわれていますが、ストレスを受けてストレスホルモンが出ると、我慢がしにくくなり、よりカロリーが高く、不健康な食べ物が食べたくなると言われています。これは怖いですよね。

筋トレと有酸素運動をセットに

ダイエットを目的に筋トレを行うとき、もうひとつ効果的な方法があります。

それは、155ページで紹介した無酸素運動と有酸素運動を組み合わせて行う方法です。筋トレなどの無酸素運動は、ウォーキング、ジョギング、水泳などの有酸素運動と組み合わせて行うと、よりダイエット効果が上がることがわかっています。

たとえば、ウォーキングだけでは筋肉への刺激が弱すぎて、筋肉がつきにくいので、脂肪はあまり燃えません。

まず、脂肪を燃焼させられる筋肉をつけることが大切になります。ですから、最初は筋トレなら筋トレだけをして、1カ月くらいして筋肉がついてからウォーキングやジョギングなどの有酸素運動を加えるのがおすすめです。

筋トレと有酸素運動を一日のメニューで組む場合も、**「筋トレ→有酸素運動」**の順番で行うことが大切です。それは、筋トレによって筋肉をつけて代謝量を増やしてから有酸素運動を行うほうが、より体脂肪が消費されやすく効率よくダイエットができるからです。逆の「有酸素運動→筋トレ」の順番では、同様の効果は期待できません。

第6章

筋トレは無理せず、長く続けましょう

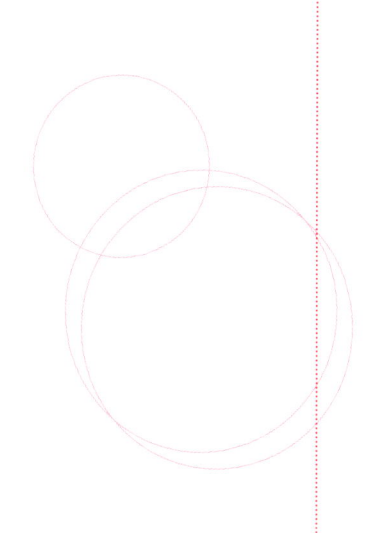

くじけないで続けましょう

筋トレの効果については、しつこいくらいに言ってきましたが、わたしが今思うのは、多少のことがあっても、あきらめずに続けることが、何より大事だということです。

食事に気を使って、甘いものを我慢してがんばってきた人が、どこかでプツンと糸が切れて、過食してしまうことがあります。

わたし自身、そういう失敗を何度もやっています。先日は、夜中の2時に菓子パン3個、かりんとう1袋、アイスクリーム3個を、一気に食べてしまいました。ストレスが溜まっていたのかもしれませんが、もう止まりませんでしたね。お腹がいっぱいになって、動けなくなるほどでした。

生徒さんに打ち明けると（わたしは何でもすぐしゃべってしまうので）、なぜかみなさん大喜びしてくれます。

「寝る前に食べちゃっていいんですかぁ？」「先生でも、そういうことやるんですねえ」と、みなさんなぜか、満面の笑顔。

本当は教える立場上、ちょっとまずいかなと思わないでもないですが、「先生でも完璧じゃない」「わたしたちが少しくらいやってもいいのかな」と、気が楽になってもらえるのなら、まあいいかなと思っています。

こんなふうに、**わたしも日々ストレスに対抗して、自分を励ますのに**必死なんです。

小さなことでやめる方もいる

わたしの生徒さんには50代、60代の方がたくさんいらっしゃいますが、実は小さなことがきっかけでやめられる方も多いんです。

たとえば、自宅でつまずいて足指を骨折したり、転んで手を打ってしまったりで、レッスンに来なくなった方……わたしにも、その気持ちはよくわかります。

続けて来ているときには、張り切って楽しく通えますし、健康診断で食事制限の指導を受けても、たいがいのことは跳ねのけられるくらいの力があるんです。

でも、たとえば小指をぶつけたとか、ほんの少しのイレギュラーな痛み、突然の思いもかけない痛みにあうと、それが心にも反映して、元気を失ってしまう。ほんの少しのことがきっかけになって、それまでのがんばる気持ちがなくなってしまうということがあります。

脳が痛みを覚えていて、痛みを感じそうな場合に、それを避けるという働きがあるという話を聞きました。ですから、やる気がそがれてしまうということもわかるんです。

そうはいっても、それまでがんばってきたことが一瞬で崩れてしまい、他人の言葉も、悪いほう悪いほうに受け取るようになってしまう、何もかもが**マイナスの方向に向かって明るい気持ちになれなくなるのは、やっぱりもったいない**気がします。

もう一つの例をあげれば、ケガをして受診したとき、お医者さんに「安静にしていてください」と言われると、ケガをした部位だけでなく、なんだか怖くなって、体のほかの部位まで動かすのをためらう人が多いように思えます。

こんなふうに、一度〝負のスパイラル〟に落ちてしまうと、なかなか前向きになるのは難しくなってしまうのでしょう。**たとえ手を骨折しても、脚は動かせるし、やる気があればいくらでも運動ができる**のですが。

でも、それはあくまでも客観的に見た場合で、気持ちをスパッと切り替えられるかどうかは、自分がその立場になってみないと、本当のところはわからないものでしょうね。

いくつになってもスタートラインはここ！

第2章でご紹介した、60歳過ぎではるばる北海道からトレーニングをしに来られた方のことを思い出すと、**やりたい気持ちがあればできないことはないい**んだな、と改めて感じました。
最初に話を聞いたときは、わたしも驚きましたが、大会出場を目指し月に一回、パーソナルジムのある横浜までいらっしゃいます。そう聞くと、自分にはとてもそんなことはできないと、その熱意には頭が下がる思いです。
年齢を言い訳にして、あきらめてはいけないと、しみじみ思いました。

誰でも、生き生きと若々しくありたい。痛みなく歩きたいし、好きなところに行きたい。そのためには、**運動して筋肉をつけることが何より**だと、わたしは思います。くり返しになりますが、筋肉がつけば、「若返りホルモン」と呼ばれる成長ホルモンが分泌され、体によい筋肉がつきます。筋肉がつけばさらに代謝が上がって太りにくい体になる、というように、どんどんいい方向に向かっていくのです。

言葉も、またよい意味でも悪い意味でも、人に与える影響は大きいと思います。人にかける言葉はもちろん、自分にかける言葉も大切にしてください。

女性にとって、「若いですね」とかけられた言葉は、宝石みたいなもので、それひとつで長い間幸せな気持ちに浸っていられる言葉、いくつになっても輝くダイヤモンドのようなうれしい言葉だと思うのです。

がんばりながらも、**精神的に楽に生きるには、「よし、がんばるぞ！」と、「まあ、いっか」のふたつをうまく使い分けるのがコツ**です。

「まあ、いっか」ばかりでは、自分に甘えて過食することになりかねませんし、「よし、がんばるぞ！」だけでは、うまくいかなかったときに、「もうダメだ」と落ち込んでしまいます。失敗が続いて自虐的になると、ものごとはうまくいかなくなるものです。ご自分をコントロールして、ふたつの言葉のバランスを、うまくとるようにしてください。

みなさんが筋トレをどんどん活用してくださること、それがわたしのいちばんの望みです。体調を整えるためでも、ダイエットのためでも、精神的に落ち着くためでもかまいません。ひとりでも多くの方の役に立つことが、今のわたしにとって、いちばん大切でうれしいことなのです。

過去がどんなにつらく苦しかったとしても、考え方ひとつで未来は開けます。いろいろな経験をしてきたからこそ、今のあなたがいます。50代の今からがスタートと考えましょう。**決して遅すぎるなどということはありません**。

大勢いらっしゃるはずの、悩みを抱えた方たちと一緒に、どうしたらこれからいきいきと健康に、キラキラと明るく生きていけるか、他人事ではなく、考えていきたいとわたしは思うのです。

スタートラインは、きっとここです！

●宮田みゆき
公認パーソナルトレーナー。「Posing & Fitness YOKOHAMA」プロジェクトディレクター。ジャパンオープンボディビル2017（女子）優勝、ボディビル東京選手権2017（女子）優勝、日本グアム親善大会2017優勝、日本クラス別ボディビル選手権2016（女子）優勝、ベストアーティスティック賞2回受賞。毎日放送「痛快！明石家電視台」、日本テレビ「ZIP」「シューイチ」ほか多数出演。
インスタグラム　alive.m.y.k/

●Posing & Fitness YOKOHAMA（著者が指導するパーソナルジム）
代表　宮田勝実
〒220-0005　横浜市西区南幸2-10-15　ライオンズマンション横浜西口208
ホームページ　www.posing-fitness-yokohama.com/

編集協力／株式会社耕事務所　執筆協力／関みなみ
カバーデザイン／アップライン　本文デザイン／石川妙子
撮影／細谷忠彦　イラスト／小林裕美子

体を鍛え、心を整える
50歳からの筋トレ・メソッド

平成30年11月15日　第1刷発行

著　者　宮田みゆき
発行者　東島俊一
発行所　株式会社 法研
東京都中央区銀座1-10-1（〒104-8104）
販売03（3562）7671／編集03（3562）7674
http://www.sociohealth.co.jp
印刷・製本　研友社印刷株式会社

0102

SOCIO HEALTH
小社は㈱法研を核に「SOCIO HEALTH GROUP」を構成し、相互のネットワークにより、“社会保障及び健康に関する情報の社会的価値創造”を事業領域としています。その一環としての小社の出版事業にご注目ください。

ISBN978-4-86513-548-0　定価はカバーに表示してあります。
乱丁本・落丁本は小社出版事業課あてにお送りください。
送料小社負担にてお取り替えいたします。